선생님이 만든

좔좔 글읽기

·········

3권 전래동요, 이야기

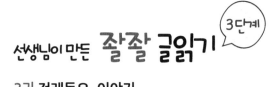

선생님이 만든 **좔좔 글읽기** 3단계

3권 **전래동요, 이야기**

초판 1쇄 2019년 5월 15일
초판 2쇄 2022년 3월 10일

지은이 서울경인특수학급교사연구회

펴낸이 방영배
디자인 신정난
펴낸곳 다음생각

주소 경기도 고양시 일산동구 중앙로 1261번길 19 호수광장빌딩 204호
전화 031-903-9107 **팩스** 031-903-9108 **이메일** nt21@hanmail.net
출판등록 2009년 10월 6일 제 2019-000144호
인쇄·제본 (주)현문자현 **종이** 월드페이퍼
ISBN 978-89-98035-61-7(64700)

책이 나오기까지

〈서울경인특수학급교사연구회〉는 통합교육과 특수교육의 여건이 제대로 마련되지 않았던 90년대 초에 서울, 경기, 인천의 초등학교 특수학급 교사들이 모인 이래 지금까지 계속되고 있는 연구 모임입니다. 그동안 함께 모여 공부하고 올바른 교육의 방향에 대해 고민하면서 새로운 통합 프로그램 등을 만들어 보급해 왔습니다. 어떻게 하면 좋은 수업을 할 수 있을지 연구하여 여러 가지 수업 자료를 개발하기도 했습니다.『선생님이 만든 좔좔 글읽기』도 이런 고민과 연구 과정을 거쳐 나온 책입니다.

읽기를 배우는 데 오랜 시간이 걸리는 아이들의 경우 좋은 교재와 다양한 방법으로 가르쳐야 함에도 마땅한 자료와 프로그램이 없어 고민이 많았습니다. 그래서 연구회 교사들은 2010년부터 국어 교육에 관한 연수를 들으며 국어 교육과정을 분석하고 국어의 각 영역별 목표 체계를 정리했습니다. 회원들이 각자의 국어 수업 사례를 발표하며 좋은 국어 수업 방법에 대해 고민한 끝에 2012년에 읽기 이해력 향상을 위한 자료를 만들었습니다. 총 25명의 현장 교사들이 직접 글을 쓰고, 읽기 이해 문제와 관련 활동지를 만들었습니다. 이 읽기 교재를 수업에 활용해 보니 아이들이 흥미 있게 수업에 참여하고 독해력이 향상되는 것을 알 수 있었습니다. 그동안 아이들에게 맞는 자료를 일일이 수정해 만드느라 애썼던 선생님들도 이 자료를 활용해 훨씬 수월하게 활동적인 수업을 할 수 있었다고 합니다.

이 책을 출판하기까지 많은 시간과 노력이 필요했습니다. 그 과정에서 여러 사람들에게 도움을 받았습니다. 덕원예고에서 미술을 전공하는 학생들이 약 1,200컷의 그림을 정성껏 그려 주어 책의 내용이 더욱 풍부해졌습니다. 그리고 도서출판 〈다음생각〉에서 의미 있는 결정을 내려 준 덕분에 이 책이 만들어질 수 있었습니다. 자원봉사로 수고해 준 덕원예고 학생들과 편집 작업에 애써 준 〈다음생각〉 출판사 분들께 깊은 감사를 드립니다.

여러 아이들의 다양한 특성에 맞는 단 하나의 교재란 있을 수 없습니다.
다만 『선생님이 만든 좔좔 글읽기』가 특수학급, 특수학교, 또 다른 교육 현장에서 국어 수업을 좀 더 풍요롭게 할 수 있는 자료가 되면 좋겠습니다. 아이들이 이 책으로 재미있게 공부할 수 있기를 바랍니다.

서울경인특수학급교사연구회

책의 특징

우리나라 아이들은 일찍부터 한글을 배우기 시작하여 초등학교에 들어가기 전에 이미 글을 줄줄 읽는 경우가 많습니다. 이를 반영하듯 초등학교 국어 교과서는 처음에 낱자 학습 및 단어 읽기를 다루다가 난이도가 급격히 높아집니다. 1학년 1학기 말쯤 되면 실제로 10문장 이상의 긴 글을 읽을 수 있어야 수업을 따라갈 수 있습니다. 한글을 깨치지 못한 상태로 입학하는 아이들의 경우 국어 수업에서 어려움을 겪을 수밖에 없습니다. 따라서 이제 막 문장 읽기를 시작하여 글을 유창하게 읽고 이해하는 데까지 많은 시간이 걸리는 학생들의 특성을 고려한 적합한 교재가 필요합니다.

이 교재는 학생의 연령에 맞는 좋은 문장으로 학습자의 속도에 맞게 읽기 이해력을 높일 수 있도록 개발하였습니다. 읽기를 배우는 데 오래 걸리는 아이들도 좋은 글을 읽고, 글에서 정보를 얻고, 글을 읽는 즐거움을 가질 수 있게 하고자 합니다.

1. 짧은 글을 읽고 내용을 이해할 수 있도록 다양한 활동으로 구성했습니다. 문장 읽기 수준에 있는 학생들은 누구나 이 책으로 독해 공부를 할 수 있습니다. 특수학급이나 특수학교에 재학하는 초·중·고 학생, 읽기에 어려움을 가지고 있는 학습 부진 학생, 한글을 배우기 시작하는 다문화 학생이나 재외교포를 대상으로 하는 한글교실에서도 사용할 수 있습니다.

2. 각 단계는 읽기 이해의 수준별로 분류해 제작하였습니다. 1단계의 목표는 1~2문장을 읽고 이해하는 것이며 마지막 4단계의 목표는 글의 구조를 이해하는 것입니다. 단계에 따라 글의 길이, 문장과 어휘의 난이도, 질문의 난이도가 높아집니다.

3. 다양한 종류의 글을 접하도록 제시하였습니다. 생활글, 실용적 정보를 주는 글, 문학 작품(시, 이야기), 노랫말, 일기, 설명글 등 다양한 글을 통해 읽기 이해력을 높이도록 하였습니다. 초등국어교육과정의 목표와 내용체계를 고려하였고 초등교육과정에서 다루는 주제를 선정하여 교사들이 직접 글을 썼습니다. 그림책이나 시와 같은 문학 작품을 선정한 경우에는 전문을 제시하여 학생들이 문학 작품 전체를 느끼도록 하였습니다. 실생활에서 정보를 주는 글을 바로 읽고 활용할 수 있도록 실용글 읽기를 제시했습니다.

4. 읽기 이해 능력을 중심으로 접근하지만 듣기, 말하기, 쓰기를 함께 배울 수 있도록 다양한 활동을 제시하였습니다. 읽기 이해 능력은 읽기 기술만을 따로 가르치는 것에 의해 향상되지 않으며 다른 영역과 총체적으로 접근하는 것이 바람직하기 때문입니다. '글마중, 신나는 글읽기, 이야기 돋보기, 낱말 창고, 우리말 약속, 뽐내기'라는 꼭지를 두어 활동적인 수업이 되도록 제시하였습니다.

5. 읽기를 천천히 배우는 아이들의 특성을 고려하여 충분히 공부할 수 있도록 단계를 세분화하였습니다. 학생들의 연령과 특성에 맞게 선택하여 제시할 수 있도록 같은 수준의 자료를 다양하게 준비하였습니다.

책의 구성

'글마중'에는 배워야 할 전체 본문을 제시했습니다. 읽기가 서툴러 짧은 글을 읽는 아동이라 하더라도 국어 교육 목표에 따라 문학 작품 등을 부분만 제시하는 것은 바람직하지 않습니다. 아직 술술 읽는 것이 어렵지만 읽기를 재미있게 받아들일 수 있도록 완성도 있는 짧은 글을 그림과 함께 제시하였습니다.

'신나는 글읽기'에서는 본문의 내용을 쉽게 파악할 수 있도록 글에 관련된 여러 활동을 제시하였습니다. 다양한 방법으로 읽기, 그림으로 전체 내용 파악하기, 내용과 관련된 듣기·말하기 활동 등으로 구성되어 있습니다. 이 꼭지를 통해 아이들은 읽기 활동을 재미있게 느낄 것입니다.

'이야기 돋보기'는 문장의 구조를 활용하여 내용을 파악하기 위한 반복적인 연습문제로 구성되어 있습니다. 본문의 문장을 나누어 제시하고 글의 내용에 관한 질문에 답하도록 문제를 제공하였습니다. 단계에 따라 문장의 길이, 문제의 난이도, 단서 수준, 답을 쓰는 방법을 달리하였습니다.

'낱말 창고'에서는 본문에 있는 낱말 중 어려운 낱말을 선정하여 낱말 뜻 익히기나 쓰기 활동, 맞춤법, 어휘 관련 활동을 제시하였습니다. 본문의 낱말과 관련된 여러 어휘를 제시하여 어휘력 향상을 꾀하였습니다.

'뽐내기'는 본문과 관련된 다양한 쓰기와 표현 활동으로 구성하였습니다. 반복적인 쓰기 연습만으로는 아이들 스스로 쓰기 표현을 즐길 수 없습니다. 글마중의 내용과 관련된 쪽지도 쓰고, 그림도 그리고, 만들기도 하면서 쓰기를 즐겁게 느낄 것입니다. 1단계에서 문장 완성하기부터 시작하여 마지막 단계에서는 글의 주제와 종류에 따라 글을 쓰는 방법까지 다루게 됩니다.

'우리말 약속'에서는 아이들이 익혀야 하는 말본지식(문법)을 이해하기 쉽게 제시하고 반복 연습을 통해 익히도록 합니다. 자모음 체계 익히기, 품사와 토씨(조사) 등의 문장구조 익히기, 어순대로 쓰기, 이음말(접속사) 익히기 등 말본지식을 활용할 수 있도록 다양한 활동을 제시합니다.

책의 꼭지 활용 방법

● 〈글마중〉에 나온 글을 다양한 방법으로 읽게 해 주세요. 적당한 속도로 정확하게 읽을 수 있어야 글의 내용을 이해할 수 있습니다. 문장을 읽기 시작한 아이들의 경우 소리 내어 읽는 것은 매우 중요합니다. 자기가 읽은 것을 들으며 읽은 내용을 이해하기 때문입니다. 눈으로 읽은 것을 바로 이해하는 묵독을 할 수 있는 단계가 되기 전까지는 다양한 방법으로 소리 내어 읽는 활동을 많이 해 보는 것이 좋습니다. 읽기의 유창성과 정확도를 높이면 읽기 이해력도 향상됩니다.

읽어 주는 것 듣기, 교사가 한 문장이나 한 구절씩 읽으면 따라 읽기, 중요한 단어나 구절만 따로 읽기, 입 맞추어 함께 읽기, 구절 나누어 읽기, 번갈아 읽기, 돌아가며 읽기, 혼자 읽기 등의 방법을 활용하면 좋습니다. 아이가 읽은 것을 녹음해 다시 듣게 하거나 친구와 서로 읽어 주는 방법도 동기 유발에 좋습니다.

● 〈신나는 글읽기〉와 〈뽐내기〉는 표현 활동이므로 학습지만 활용할 것이 아니라 실제 활동을 통해 익히도록 해 주세요. 노래를 함께 부르고, 동작을 만들어 보세요. 주제와 관련하여 말하기, 동작, 음률, 미술, 몸짓, 놀이 등 다양한 표현 활동과 연계하여 활동적인 수업을 해 보세요. 이렇게 통합적으로 접근하면 아이들의 자유로운 표현 능력이 향상되고 흥미 있게 참여할 것입니다. 다양한 활동을 통해 자연스럽게 말하기, 쓰기 표현 능력이 향상될 수 있도록 연계하여 지도할 수 있습니다.

● 〈이야기 돋보기〉는 이해 목표에 따른 반복 활동으로 연습을 할 수 있게 되어 있습니다. 문장 단서와 그림 단서를 활용하는 방법을 알려 주세요.

지도 교사 도우미

● 〈꼭지별 내용 체계〉는 주제에 관한 꼭지 구성이 어떻게 되어 있는지 한눈에 볼 수 있도록 표로 정리되어 있습니다. 수업 계획을 세울 때 활용하거나 평가할 때 체크리스트로 사용해도 좋을 것입니다.

● 〈좀 더 활용해 보세요〉는 지도시 참고사항이나 수업 아이디어를 제공하였습니다.

너도나도 이야기해요.	듣기, 말하기와 관련된 활동을 소개하였습니다.
같이 읽어요.	주제와 관련하여 아이와 함께 읽어 보면 좋을 책을 소개하였습니다.
마음대로 나타내요.	주제와 관련된 다양한 쓰기 표현 활동을 제시했습니다.
함께 놀아요.	주제에 맞는 과학, 미술, 음악, 놀이, 연극 놀이, 자연 놀이, 요리 활동 등 다양한 통합 활동이 포함되어 있습니다.

● 선생님께 한마디 는 교사가 참고할 만한 지도 방법을 학습지 하단에 제시한 것입니다.

3단계의 목표와 내용 구성

★ 3단계는 글의 종류에 따라 3권의 책으로 엮었습니다.
  - 3단계 1권은 생활 주변에서 흔히 볼 수 있는 광고, 안내문, 설명서 등 실용글과 짧고 쉬운 설명글을 제시했습니다.
  - 3단계 2권은 일기와 생활글로 구성했습니다.
  - 3단계 3권은 전래동요와 이야기로 구성했습니다. 3단계 이야기는 이야기의 구조가 있는 짧은 글을 엄선하여 실었습니다.

★ 3단계의 목표는 다음과 같습니다. 단, 제시 방법에 따라 목표를 조정할 수 있습니다.
  - 읽기 : 5~8문장의 짧은 글을 읽고 내용을 파악할 수 있다.
         3~5문장을 읽고 주요 내용, 원인과 결과를 알 수 있다.
  - 듣기·말하기 : 주제에 맞게 내용을 간추려 말할 수 있다.
              바른 어법으로 새로운 어휘를 익혀 알맞게 사용할 수 있다.
  - 쓰기 : 주제와 관련하여 2~5문장으로 스스로 표현해 쓸 수 있다.
  - 문학 : 문학작품을 읽으며 즐거움을 느끼고 다양한 작품을 선택해 읽을 수 있다.
  - 문법 : 꾸밈말, 토씨의 쓰임을 알고 문장을 순서대로 쓸 수 있다.

전체 구성	1권 〈실용글, 설명글〉	2권 〈생활글〉	3권 〈전래동요, 이야기〉
글마중	글마중에 실려 있는 본문은 5~8문장의 짧은 글로 제시하였습니다. 한 문장은 4~6어절이 넘는 문장으로 구성되어 있고 복문이 포함된 문장도 제시했습니다. 1권은 글에서 정보를 얻는 방법을 배우는 데 초점을 두었습니다. 2권은 생활문을 스스로 쓸 수 있도록 다양한 글을 제시하였습니다. 3권은 구조가 있는 이야기와 재미있는 전래동요를 통해 문학 읽기의 즐거움을 느끼도록 했습니다.		
신나는 글읽기	본문의 전체 내용을 표에 채워 써 봄으로써 글의 내용을 파악하도록 했습니다. 글과 관련된 사전 지식, 관련 활동을 재미있게 제시했습니다.		
이야기 돋보기	글마중의 본문을 3~5문장씩 나누어 제시했습니다. 문장으로 된 4지 선다형 보기를 고르거나 단문으로 답하도록 했습니다.		
낱말 창고	본문에 나오는 기본 어휘나 그와 관련된 새로운 어휘를 확장해 익히도록 했습니다.		
우리말 약속	1권에서는 꾸밈말(관형어, 부사어)을, 2권에서는 토씨(조사)의 쓰임을 배우고, 3권에서는 순서에 따라 문장 쓰기를 배우도록 했습니다.		
뽐내기	주제와 관련하여 2~5문장의 글을 스스로 쓰도록 활동을 제시했습니다. 쓰기 전 활동을 제시하여 쓸 내용을 간추리고 나서 쓸 수 있게 했습니다.		

꼭지별 내용 체계

3권 전래동요, 이야기

주제	글마중	신나는 글읽기	이야기 돋보기	낱말 창고	뽐내기	우리말 약속
전래동요	꿩꿩 장서방		노랫말을 읽고 질문에 답하기 글의 내용에 맞는 것 찾아 ○하기	꿩, 장끼, 까투리, 꺼병이, 서방, 꿩에 관한 속담	수수께끼 풀기 노래 가사 바꾸기	*세 낱말 순서대로 문장 쓰기 - 임자말 + 부림말 + 풀이말 - 임자말 + 장소 + 풀이말 - 임자말 + 흉내 내는 말 + 풀이말 - 꾸밈말 + 임자말, 부림말 +풀이말
	말꼬리 잇기		노랫말을 읽고 질문에 답하기 글의 내용에 맞는 것 찾아 ○하기	독사, 범, 벼룩 색깔을 나타내는 표현 사물의 공통점 찾기	'원숭이 엉덩이는~' 노래 뒷부분 만들어보기 다섯 고개 놀이	
	대문놀이		노랫말을 읽고 질문에 답하기	방위(동서남북) 알기 흉내 내는 말 찾기	노래 가사 바꾸기 '대문놀이' 놀이하기	
	어깨동무		노랫말을 읽고 질문에 답하기	동무, 소꿉동무, 죽마고우, 단짝, 유유상종	노래 가사 바꾸기 '어깨동무' 놀이하기	
	나무 타령		노랫말을 읽고 질문에 답하기	감나무, 소나무, 밤나무, 뽕나무, 배나무	노래 가사 바꾸기 말머리 잇기 노래 만들기 계단책 만들기	
	들강 달강		노랫말을 읽고 질문에 답하기	되, 말 '되'와 '말'과 관련된 속담 사물을 세는 단위	흉내 내는 말 바꾸기	
	까치야 까치야		노랫말을 읽고 질문에 답하기	부리, 주둥이, 이, 이빨, 머리, 대가리	부탁이나 바라는 말 쓰기	

주제	글마중	신나는 글읽기	이야기 돋보기	낱말 창고	뽐내기	우리말 약속
이야기	금도끼 은도끼	여러 가지 읽기 방법으로 반복해 읽기 인물에게 하고 싶은 말 찾아 쓰기	3~5문장 읽고 질문에 답하기 중심문장 요약하기	소리나 모양을 흉내 내는 말 찾아 쓰기	역할극하기	* 네 낱말 순서대로 문장 쓰기 - 임자말+장소+부림말+풀이말
	사윗감을 찾아 나선 두더지	여러 가지 읽기 방법으로 반복해 읽기 등장인물이 만난 순서대로 이름 쓰기	3~6문장 읽고 질문에 답하기 중심문장 요약하기	'ㅐ'와 'ㅔ' 구분하기 날씨를 나타내는 말	편지봉투로 두더지 만들기 두더지책 만들기	- 임자말+~에게+부림말+풀이말 - 꾸밈말+임자말+흉내 내는 말+풀이말
	아기 돼지 삼형제	여러 가지 읽기 방법으로 반복해 읽기 살고 싶은 집 그리고 설명 쓰기	5~8문장 읽고 질문에 답하기 중심문장 요약하기 인물의 성격과 지은 집, 결과 연결하기 '주원문해' 이야기 구조도 채우기	짚, 굴뚝, 벽돌, 냄비 흉내 내는 말 넣어 문장 채워 쓰기	주인공의 대사 쓰기 역할극하기 이야기 순서대로 그림을 붙이고 내용 쓰기	- 임자말+꾸밈말+부림말+풀이말 - 임자말+장소+꾸밈말+풀이말
	팥죽 할멈과 호랑이	여러 가지 읽기 방법으로 반복해 읽기 인물이 등장한 순서대로 이름쓰기	4~10문장 읽고 질문에 답하기 '주원문해' 이야기 구조도 채우기	지게, 절구, 아궁이, 멍석, 흉내 내는 말 '동지' 풍습에 대해 알기	인물이 한 말을 써서 이야기 완성하기	* 꾸밈말을 넣어 순서대로 문장 쓰기 - 꾸밈말+임자말+꾸밈말+부림말+풀이말 - 장소를 꾸미는 말 넣어 문장 쓰기 - 시간을 꾸미는 말 넣어 문장 쓰기 - 꾸며주는 말을 꾸미는 말 넣어 문장 쓰기

좀 더 활용해 보세요

 ## 금도끼 은도끼

'금도끼 은도끼'는 도끼를 연못에 빠뜨린 나무꾼이 산신령에게 정직하게 말하여 상을 받게 된다는 널리 알려진 옛이야기입니다. 어떤 상황에서도 거짓 없고 바른 마음을 갖는다면 복을 얻게 된다는 깨달음을 전합니다. '정직', '소유', '옛날과 오늘날' 등을 주제로 통합 활동을 진행해도 좋겠습니다.

활동 영역	관련 활동
너도나도 이야기해요	😎 '정직'에 대해 이야기 나누기 어떤 상황에서 거짓말을 했거나 혼나거나 손해를 볼까봐 겁이 났지만 정직하게 말했던 경험에 대해 이야기를 나눈다. 거짓말을 했을 때의 기분과 정직하게 말했을 때의 기분이 어떠했는지, 왜 정직해야 하는지에 대해서도 이야기를 나눈다. 🙂 옛이야기 들려주기 옛이야기를 입말로 재미있게 써 놓은 서정오 선생님의 '옛이야기 보따리' 책을 이용하여 아이들에게 옛이야기를 구수하게 들려준다. 그림없이 마음껏 상상하며 선생님의 정겨운 목소리를 듣다보면 듣기능력도 향상되고 옛이야기의 즐거움도 느끼게 될 것이다.
같이 읽어요	📚 금도끼 은도끼 **이상미 글/ 박지훈 그림/ 예림아이** 옛이야기를 들려주는 방식으로 입말로 재미있게 썼다. 소리와 움직임이 그대로 느껴지는 의성어와 의태어를 읽다보면 고개를 끄덕일 정도로 즐겁다. 밝은 색감으로 그려진 등장인물의 재미있는 몸동작과 표정은 이야기를 읽는 재미를 더한다.
	📚 금도끼 은도끼 **삼성출판사 유아교육연구소 지음/ 삼성출판사** 옛이야기에 어울리는 수묵 채색 기법을 이용하여 그림이 정겹다. 깜짝 놀라는 나무꾼과 연못 밖으로 나오는 산신령이 실감나는 금도끼 은도끼 POP-UP BOOK이다.

활동 영역	관련 활동
같이 읽어요	📚 혹부리 영감 **임정진 글/ 임향한 그림/ 비룡소** 먹 선에 진분홍, 진주홍 등 화려한 색을 덧입혀 민화풍의 그림으로 재미있게 그려 놓았다. 두 혹부리 영감의 대조적인 모습과 도깨비들의 재미난 얼굴 표정을 글과 함께 읽으면 더 재미를 느낄 것이다.
마음대로 나타내요	🙂 가치사전 만들기 '정직', '효도', '부지런함' 등 중요한 가치에 관한 내 경험을 써서 가치사전을 만든다. 🙂 주인공이 되어 일기 쓰기 '금도끼 은도끼' 내용을 욕심 많은 칠성이의 입장에서 그날 일을 반성하면서 쓰는 일기로 바꾸어 써본다.
함께 놀아요	🙂 미술활동: 인상 깊은 장면 그리기 이야기 속 장면 중에서 가장 재미있었거나 인상 깊은 장면을 그리도록 한다. 인물의 생각이나 감정이 잘 드러나게 얼굴 표정을 그려보게 한다. 🙂 미술활동: 역할극 소품 만들기 금도끼, 은도끼, 쇠도끼를 만들어 역할극을 한다. 🙂 놀이활동: 망 던지기 동심원을 여러 개 그려서 중심원은 3점, 다음 원은 2점, 그 다음은 1점, 맨 바깥원은 0점 등으로 점수를 매긴다. 차례대로 망(돌멩이)을 던지고 망이 들어간 칸에 해당하는 점수를 얻는다. 정해진 횟수 내에 가장 많은 점수를 얻은 사람이 이긴다. 익숙해지면 원의 수를 늘리고 던지는 선도 멀리한다. 좀 더 재미있게 하려면 동심원에 선을 그어 칸 안에 토끼뜀 5번, 코끼리코 3번, 간지럼 태우기, 인사하기 등 여러 가지 주문을 넣어 그린다. 차례대로 망을 던져서 나오는 주문에 따른다. 🙂 음률활동: '금도끼 은도끼' (류동일 선생님과 함께하는 명품동요 베스트 62 수록곡) '옛날 옛날 아주 오랜 옛날 나무꾼이 도끼질 하다가 도끼질을 잘못하여 쇠도끼를 호숫가에 빠뜨렸네. 산신령이 나타나서 나무꾼에게 물으셨네. 은도끼가 네 도끼냐 금도끼가 네 도끼냐~' 경쾌한 음악에 맞춰 노래를 불러봐도 재미있겠다.

사윗감을 찾아 나선 두더지

우리나라 옛이야기. 두더지 가족이 사랑하는 딸을 위해 힘센 사윗감을 찾아 나섰다가 결국 두더지를 사위로 맞게 됩니다. 이야기의 구조가 쉽고 재미있어 아이들에게 오랫동안 사랑받는 이야기입니다. '소중한 나', '순서', '특징' 등을 주제로 통합 활동을 진행해도 좋겠습니다.

활동 영역	관련 활동
너도나도 이야기해요	🙂 특징을 설명하기 (아래로 갈수록 난이도가 높아져요) - 특징 OX퀴즈: 하나의 사물이나 동물을 정해 교사가 설명하는 특징을 듣고 맞으면 ○, 틀리면 ×를 든다. - 설명 게임: 두 팀으로 나누어 술래를 한 사람 정한다. 술래가 아닌 사람들은 한 가지 동물이나 사물을 고른다. 특징을 말로 설명하거나 동작으로 표현하면 술래가 무엇인지 맞힌다. 술래가 많이 맞히는 팀이 이긴다. - 특징 릴레이 게임: 시작하는 사람이 하나의 사물이나 동물을 정하고 특징을 말한 뒤 옆 사람은 이어 말한다. 특징에 적합하지 않거나 앞의 것을 잊으면 동작으로 흉내 내기 벌칙을 준다. 예를 들면 "사자는 무섭다", "사자는 무섭고 갈기가 있다." 이런 식으로 계속 덧붙여 특징을 말한다. - 스피드 퀴즈: 두 명씩 짝을 지어 한 사람은 설명을 하고 다른 사람은 맞힌다.
같이 읽어요	📖 **사윗감을 찾아 나선 두더지** **김향금 글/ 이영원 그림/ 보림** 옛이야기의 분위기에 딱 맞는 그림과 문체로 나온 그림책이다. 판화풍의 그림으로 우리 산과 들, 두더지를 정감 있게 표현하였다. 📖 **사윗감 찾는 두더지** **유타루 글/ 김선배 그림/ 비룡소** 우리 전통 가락을 살린 노래를 중간 중간 넣어 옛이야기를 맛깔나게 살려내었다. 밝고 경쾌한 그림이 함께 어우러져 해학적인 옛이야기의 맛을 더해준다. 📖 **행복한 두더지** **김명성 글·그림/ 비룡소** 2012년 호아금도깨비상 그림책 부문 수상작. 땅 속 집에 홀로 사는 두더지가 친구들을 위해 집을 꾸미고 친구들을 맞아 행복하게 산다는 이야기이다. 정교한 판화로 표현한 그림이 예쁘다.

같이 읽어요	 📚 **짧은 귀 토끼** **다원시 글/ 탕탕 그림/ 심윤섭 옮김/ 고래이야기** 귀가 짧은 토끼는 어떻게든 귀가 길어지려고 노력을 한다. 급기야 빵으로 귀를 만들어 달았다가 봉변을 당한다. 그 와중에 빵을 잘 만드는 재주가 있음을 알게 되었고 콤플렉스를 극복한다는 이야기이다.
	📚 **외톨이 사자는 친구가 없대요** **나카도 히로카주 글・그림/ 한림** 다른 동물들과 친구가 되고 싶은 사자는 자신의 모습을 친구들과 비슷하게 바꿔보지만 오해만 일으킨다. 진정한 자신의 모습으로 돌아왔을 때 다른 친구들에게 인정을 받았다는 이야기이다. 나를 있는 그대로 인정하는 것이 소중함을 아이들의 눈높이에서 알려준다.
마음대로 나타내요	👧 **두더지의 여행지도 그리기** 전지에 두더지가 만난 인물들의 그림을 오려 붙이고 어떤 경로로 여행을 갔는지 주변 풍경을 그리거나 꾸민다. 👧 **두더지의 여행 기행문 쓰기** 두더지의 입장이 되어 기행문을 써 본다. 앞부분에 여행을 가게 된 동기를 쓴 글에 이어 쓰게 해도 좋겠다. 여행한 순서대로 누구를 만났는지, 어떤 일이 있었는지를 써 보게 한다. 👧 **○○가 자랑스러워** '○○가 자랑스러워'라고 쓰인 큰 카드를 돌린다. 카드에 그 친구의 장점, 칭찬거리를 찾아 써준다. 칭찬카드를 받으면 다른 사람들에게 읽어주고 카드의 내용을 들은 사람들은 '○○가 자랑스러워'라고 큰 소리로 말해준다. 👧 **나를 자랑할 수 있는 것 10개 이상 쓰기** 나를 자랑할 수 있는 것을 10개 이상 찾는 것이 쉬운 일은 아니다. 쓰기 전에 능력이 뛰어난 것만이 자랑거리가 아님을 알려준다. 다른 사람에게 정성껏 마음 써주는 작은 일도 자랑할 수 있는 것임을 예를 통해 알려준다.
함께 놀아요	👧 **미술활동: 판화 찍어 표현하기** 고무판화 작업이 쉽지만은 않다. 조각도를 안전하게 사용하는 방법을 알려주고 자유롭게 파서 판화를 찍어 본다. 판화를 찍으면 어떤 느낌이 나는지를 설명할 때 보림 출판사에서 나온 '사윗감을 찾아 나선 두더지' 책을 보여주어도 좋겠다. 👧 **과학활동: 구름 만들기** 페트병에 물을 약간 채운다. 성냥이나 향에 불을 붙였다가 페트병에 넣고 뚜껑을 닫는다(연기를 넣는 이유는 구름을 잘 보기 위해서이다). 페트병을 눌렀다 폈다를 반복한다. 누를 때 압력이 올라가 온도가 높아지고 펼 때 반대의 현상이 일어나 구름이 만들어진다. 뚜껑을 열고 페트병을 누르면 구름이 올라가는 것을 관찰할 수 있다.

아기 돼지 삼형제

'아기 돼지 삼형제'는 영국에서 전해오는 옛이야기지만 전 세계적으로 유명한 이야기입니다. 열심히 일하면 언젠가는 좋은 결과가 찾아온다는 교훈을 주는 것뿐만 아니라 아기 돼지들이 늑대에게 맞서 싸우는 모습은 아이들을 재미있는 이야기 세상 속으로 흠뻑 빠져들게 만듭니다. 또한 늑대의 위협에도 당황하지 않고 기지를 발휘해 물리치는 '지혜'와 '슬기'를 배우게 되지요. '성실함', '슬기', '미래에 대한 대비'를 주제로 통합활동을 함께 해 봐도 좋겠습니다.

활동 영역	관련 활동
너도나도 이야기해요	🗣 아기 돼지 인터뷰하기 "무서운 늑대를 침착하고 지혜롭게 물리쳐 화제가 되고 있는 아기 돼지 삼형제를 만나 이야기를 들어보았는데요. 늑대가 굴뚝으로 들어왔을 때 어떤 기분이 들었나요?"식으로 학생들끼리 기자와 아기 돼지 역할을 맡아 인터뷰한다. 어떤 질문을 하고 또 어떤 대답을 할지 함께 생각해 본다. 🗣 동시 읽기 - 돼지가 내 방에 들어와 (위기철/ '신발 속에 사는 악어(사계절)' 중에서) 내 방이 너무 더러워서 돼지와 시궁쥐도 자기들 집이 더 깨끗하겠다고 가버렸다는 내용으로 반복적인 구조가 재미있는 시다. "꿀꿀꿀", "찍찍찍" 동물소리를 흉내내며 읽다보면 반복적인 구조로 된 말의 재미를 느낄 수 있을 것이다.
같이 읽어요	📚 아기 돼지 삼형제 **제이콥스 글/ 채진주 그림/ 베틀북** 게을러서 짚으로 대충 지은 첫째 돼지, 놀기 좋아해서 나무로 대충 지은 둘째 돼지, 벽돌로 튼튼하게 지은 셋째 돼지가 늑대를 물리치는 내용을 유쾌하게 담았다. 막내 돼지의 튼튼한 집 앞에서 쩔쩔매는 늑대의 모습을 통해 힘들어도 꾀부리지 않고 일하면 반드시 좋은 결과가 찾아온다는 교훈을 배울 수 있다. 📚 아기 돼지 삼형제 **제이콥스 글/ 조선경 그림/ 웅진주니어** 이 책에 실린 '아기 돼지 삼형제'는 제이콥스의 원본을 변형시키지 않고 그대로 살려 실었다. 첫째, 둘째 돼지가 늑대에게 잡아먹히고 뜨거운 솥에 빠진 늑대를 셋째 돼지가 잡아먹는다는 결말이 다소 충격적일 수 있지만 어린이에게 교훈보다는 악당을 처치한다는 즐거움을 준다.

같이 읽어요	아기 돼지 세 마리 **데이비드 와이즈너 글/ 이옥용 옮김/ 마루벌** 아기 돼지 삼형제를 찾아온 고약한 늑대가 입김으로 불자 집들이 폭삭 내려앉으며 아기 돼지들은 그림책 밖으로 날아가고 만다. 이야기 속에서 탈출한 아기 돼지 세 마리 이야기를 독창적으로 그리고 있다. 늑대가 들려주는 아기 돼지 삼형제 이야기 **존 셰스카 글/ 레인 스미스 그림/ 황의방 옮김/ 보림** '아기 돼지 삼형제' 이야기를 늑대의 관점에서 들려준다. 아이들에게 다른 각도에서 생각할 수 있는 기회를 주고 다양한 상상력을 이끌어 낼 수 있다. 관점에 따라 이야기가 얼마나 달라질 수 있는지를 보여주는 작품이다. 돼지 이야기 **유리 글·그림/ 이야기꽃** 돼지는 우리에게 익숙한 동물이지만 돼지가 어떻게 살고 있는지는 잘 알지 못한다. 이 책은 돼지 축사를 묘사하며 왜 구제역 같은 병이 생겨나는지 살펴보고 '살처분'이 최선의 대응 방법인지 생각해 보도록 한다. 흑백계열의 그림이 인상적이다. 만희네 집 **권윤덕 글·그림/ 길벗어린이** 도시에서 살던 만희네가 꽃과 나무가 있는 할아버지의 양옥집으로 이사를 간다. 마당, 광, 장독대, 가마솥 등 할아버지 집에는 재미난 장소가 많다. 꼼꼼하게 그려진 동양화풍의 그림이 집안 여기저기를 돌아보게 하고 집안 물건들을 익힐 수 있도록 한다. 세상에서 가장 큰 집 **레오 리오니 글·그림/ 이명희 옮김/ 마루벌** 세상에서 가장 큰 집을 갖고 싶다는 어린 달팽이에게 아빠 달팽이는 큰 집이 결코 좋은 것만은 아니라며 크고 화려한 집을 갖게 된 달팽이의 이야기를 들려준다. 항상 집을 지고 다녀야 하는 작은 달팽이에게 화려한 집은 실로 무모하고 허황된 일이라는 것을 알게 된 어린 달팽이는 작은 집을 지어 어디든지 자유롭게 가겠다고 말한다.
마음대로 나타내요	이야기 새로 쓰기 '아기 돼지 삼형제' 원작에서는 늑대가 셋째 돼지를 밖으로 나오게 하려고 여러 가지 꾀를 부리지만 셋째 돼지가 이를 따돌리는 이야기가 나온다. 내가 셋째 돼지라면 어떻게 할지 이야기를 써보자.

활동 영역	관련 활동
마음대로 나타내요	👤 내가 짓고 싶은 집 내가 만약 아기 돼지라면 어떤 집을 짓고 싶은지, 왜 그런지에 대해 이야기를 나눈다. 각자가 짓고 싶은 집에 대해 소개한다.
함께 놀아요	👤 연극놀이 : 핫시팅 인물의 마음을 탐색해보기 위해 자주 사용하는 교육연극 기법 중 하나로 역할극을 하고 난 후 돼지나 늑대 역할을 맡은 아동을 불러내서 의자에 앉힌다. 다른 아동들은 돼지나 늑대에게 궁금한 것을 질문한다. 돼지나 늑대 역할을 맡은 아동은 역할에 몰입하여 대답을 한다. 👤 음률활동: '아기 돼지 삼형제' 감상하기 프랭크 처칠이 작곡한 '아기 돼지 삼형제' 음악을 들으면 아기 돼지들이 흥겹게 노래 부르며 집을 짓는 장면이 떠오른다. 경쾌한 음악과 함께 음악극을 해도 좋겠다. 👤 미술활동: 아기 돼지 집 꾸미기 수수깡, 나무젓가락, 나무블록, 꽃철사, 짚, 나뭇가지, 지점토 등 다양한 재료로 아기 돼지들의 집을 만들어본다. 👤 놀이: 달팽이집 달팽이 모양을 땅에 그리고 하는 놀이로 '돌아 잡기'라고도 한다. 편을 갈라 이긴 편과 진 편을 나누어 이긴 편은 바깥쪽에 진을 만들고 진 편은 안쪽에 진을 만들어 상대의 진을 향하여 선다. 자기 진에 다 같이 한 줄로 서 있다가 '시작'과 동시에 각 진의 맨 앞에 있는 사람이 출발한다. 달려가다가 상대편을 만나면 '가위바위보'를 한다. 이긴 사람은 계속하여 달리고 진 편에서는 맨 앞에 있던 사람이 재빨리 진에서 나와 달려가 상대편과 만나서 '가위바위보'를 한다. 상대편 진으로 계속 뛰어가서 상대편 담 안에 먼저 도착하면 이긴다. 👤 음률활동: '아기 돼지 삼형제' (최신유아동요 201곡/ 김연수 외 어린이합창단) '돼지야 돼지야 아기 돼지 삼형제 그 중에 막내 돼지 부지런한 돼지 아무리 사나운 이리라고 하여도 튼튼한 막내 집엔 못 들어갔다네.' 경쾌한 음악에 맞춰 노래를 불러봐도 재미있겠다. 👤 스마트폰 앱: 끄덕끄덕 이야기_아기 돼지 삼형제 '끄덕끄덕 이야기_아기 돼지 삼형제'는 재미있는 게임동화다. 아이들이 화면을 터치하여 집을 짓고 부수기도 하고 불도 지피면서 재미있게 동화내용을 따라갈 수 있다.

팥죽 할멈과 호랑이

이 이야기 역시 널리 알려진 옛이야기입니다. 팥 밭에서 일하는 할머니 앞에 호랑이가 나타나 잡아먹겠다고 위협을 하자, 할머니는 동짓날이 되면 팥죽을 쒀서 주겠다고 기다려 달라고 합니다. 동짓날이 다가올수록 할머니의 걱정은 깊어지고, 이 사실을 알게 된 집안의 여러 물건들이 힘을 합쳐서 호랑이를 물리친다는 내용입니다. 여럿이 각자의 역할을 해내며 도움을 주는 과정은 협력의 중요성을 알게 해줍니다. '협력(협동)', '옛날과 오늘날의 물건' 등을 주제로 통합 활동을 진행해도 좋습니다.

활동 영역	관련 활동
너도나도 이야기해요	😊 **옛이야기 들려주기(반복되는 부분 함께 말하기)** 보리 출판사에서 나온 '꼬불꼬불 옛이야기' 시리즈인 〈팥죽 할멈과 호랑이〉는 서정오 선생님이 옛이야기 느낌을 그대로 살려서 적었다. 이 이야기를 아이들에게 들려주며 반복되는 말을 (예측해서) 같이 말하도록 유도하면 더욱 재밌게 이야기 속으로 빠져들 것이다. 😊 **협동의 경험 나누기** 학교에서는 모둠별로 함께 하는 활동이 많다. 역할을 나누어 공동 작업을 했던 경험을 이야기해보도록 한다.
같이 읽어요	📚 **팥죽 할머니와 호랑이** **조대인 글/ 최숙희 그림/ 보림** 우리에게 익숙한 팥죽 할머니 이야기를 그대로 담고 있는 그림책이다. 할머니의 울음소리를 듣고 찾아온 등장인물들이 할머니와 주고받는 이야기를 통해 반복되는 말의 재미를 느낄 수 있다. 📚 **팥죽 할멈과 호랑이** **박윤규 글/ 백희나 그림/ 시공주니어** 전체적인 이야기의 얼개는 보림출판사의 책과 비슷하지만 직접 이야기를 들려주는 것 같은 입말체로 적혀있다. 한지를 이용한 백희나 작가의 입체적인 작품이 돋보이는 그림책이다. 📚 **아씨방 일곱 동무** **이영경 글·그림/ 비룡소** 고전 수필 '규중칠우쟁론기'를 바탕으로 만든 그림책이다. '칠우(일곱 동무)'란 바느질에 필요한 자, 가위, 바늘, 실, 골무, 인두, 다리미를 뜻한다. 이 물건을 의인화한 등장인물들이 나와서 서로 자신의 중요성을 뽐내지만 결국 모두가 소중하고 각자의 역할을 다해야 바느질이 잘 될 수 있음을 알게 된다는 이야기이다.

활동 영역	관련 활동
	천하무적 오형제 **노경실 글/ 한병호 그림/ 애플트리태일즈** 여러 형제가 힘을 모아서 적을 물리치는 줄거리로 된 옛이야기가 많이 있다. 이 이야기도 다섯 형제가 저마다 자기 재주로 무서운 호랑이를 혼내준다는 내용이다. 호랑이가 등장하고 협력의 의미를 알게 해준다는 점에서 팥죽 할멈 이야기와 통한다. 같은 이야기를 바탕으로 한 그림책 〈재주꾼 오형제〉(시공주니어)도 있다.
마음대로 나타내요	🥷 다른 등장인물 상상해보기 원래 이야기에 나온 알밤, 자라, 물찌똥, 돌절구, 멍석, 지게가 아닌 다른 등장인물을 상상해본다(일단 자유롭게 말해보는 게 좋은데 혹시 상상하기 어려워하면 그림책에 나온 할머니의 집을 자세히 살펴보며 생각해보거나 교사가 단서를 줄 수도 있다). 내가 그 인물이라면 호랑이를 어떻게 혼내줄 것인지 이야기를 나누거나 간단하게 글로 적어본다.
함께 놀아요	🥷 미술활동: 인상 깊은 장면 그리기 이야기 속 장면 중 가장 재미있거나 생각나는 장면을 그리도록 한다. 인물의 생각이나 감정이 잘 드러나도록 얼굴 표정을 그려본다. 🥷 연극활동: 역할극 하기 아이들과 역할극하기 좋은 이야기이다. 이야기 속 등장인물로만 해도 되고, 상상하여 등장인물이나 장면을 추가해도 재미있다. 몇 번 연습 후 부모님이나 친구 등 관객 앞에서 역할극 뽐내기도 좋겠다. 🥷 놀이활동: 멍석말이 놀이(호랑이가 되어보기) 멍석을 구하기 어려우므로 커다란 매트나 이불을 멍석 대신 쓸 수 있다. 가위바위보를 해서 술래인 호랑이가 될 사람을 정한다. 술래가 누워있는 매트나 이불을 말고 나서 가볍게 두드리는 시늉을 한다. 술래는 호랑이를 흉내 내어 말해본다. 🥷 옛날과 오늘날의 물건 알아보기 이야기에 나오는 돌절구, 멍석, 지게 등은 오늘날 아이들이 쉽게 접해보지 못한 물건이므로 오늘날 쓰임이 같은 물건과 비교하여 알아보면 좋겠다. 체험학습과 연계하여 직접 박물관에 가서 볼 수도 있다. 각각 카드로 만들어 뒤집어 놓고 한 번에 두 개씩 뒤집어 짝을 맞추는 '같은 모양 찾기' 카드놀이를 해도 재미있다. 🥷 동짓날 팥죽 먹기 팥을 잘 삶아 으깨거나 믹서에 간다. 팥물에 불려둔 쌀을 넣고 저으면서 끓인 후 소금이나 설탕으로 간을 한다. 팥죽을 직접 만들기 힘들면 만들어진 팥죽에 새알심만 만들어 넣어도 재미있다. 동짓날 팥죽을 먹으면 나쁜 기운을 물리친다는 의미도 일러줄 겸 동짓날 즈음해서 활동하면 더욱 좋겠다.

좋아하는
그림책 제목을
써 보세요

선생님이 만든 졸졸 글읽기

3권

전래동요, 이야기

전래동요, 이야기

1장
전래동요

꿩꿩 장서방

꿩꿩 *장서방
꿩꿩 장서방

어디 어디 사나?
저 산 너머 살지.

무얼 먹고 사나?
콩 까먹고 살지.

누구하고 사나?
새끼하고 살지.

★장서방: 꿩의 수컷을 '장끼'라고 하는데 사람처럼 서방을 붙여서 '장서방'이라고 불렀다.

선생님께 한마디] 전래동요는 예로부터 어린이들이 부르던 노래입니다. 여기서는 내용 파악보다는 친구들과 말을 주고받는(메기고 받는) 재미를 느끼며 전래동요를 불러보도록 지도해 주세요.

다음 글을 읽고 알맞은 답을 고르세요.

<table>
<tr><td>꿩꿩 ★장서방</td><td>무얼 먹고 사나?</td></tr>
<tr><td>꿩꿩 장서방</td><td>콩 까먹고 살지.</td></tr>
<tr><td>어디 어디 사나?</td><td>누구하고 사나?</td></tr>
<tr><td>저 산 너머 살지.</td><td>새끼하고 살지.</td></tr>
</table>

★장서방: 꿩의 수컷을 '장끼'라고 하는데 사람처럼 서방을 붙여서 '장서방'이라고 불렀다.

1. 왜 꿩을 장서방이라고 불렀을까요? ······················· (   )

   ① 꿩이 장서방처럼 생겨서   ② 꿩이 장터에서 살아서
   ③ 꿩이 키가 커서   ④ 수꿩을 '장끼'라고 하니까

2. 장서방은 어떻게 살고 있나요? ······················· (   )

   ① 가족과 행복하게 삽니다.   ② 혼자 외롭게 삽니다.
   ③ 굶주리며 삽니다.   ④ 우리 마을에서 삽니다.

3. 다음 문장을 읽고 바른 설명이면 ○, 틀린 설명이면 X 를 하세요.

장서방은 암꿩을 말한다.	
장서방은 저 산 너머에 산다.	
장서방은 콩을 까먹고 산다.	
장서방은 혼자 산다.	

'꿩'을 왜 '장서방'이라고 했을까요?

수꿩은 '장끼', 암꿩은 '까투리',
새끼꿩은 '꺼병이'라고 해요.

서방 → 옛날에 벼슬이 없던 사람 중 남자 어른의 성 뒤에
붙여 부르던 말. 박진수→박서방, 김민호→김서방

"수꿩을 '장끼'라고 하는데, 사람처럼 서방을 붙여 '장서방'이라고 불렀어요."

'꿩'과 관련된 속담을 알아봅시다.

∗꿩 구워 먹은 소식: 소식이 아주 없다는 말.

∗꿩 대신 닭: 꼭 맞는 것이 없을 때 비슷한 것으로 대신함.

∗꿩 먹고 알 먹기: 한 가지 일을 하여 두 가지 이상의 이익을 얻음.

1. [   ]이라고 수영복이 없어서 반바지를 입었다.

2. 차를 타지 않고 걸어 다니면 환경도 보호하고 건강해지므로

[   ]이다.

3. 누나가 시장에 간 지 두 시간이나 지났는데 아직까지

[   ]이다.

다음은 무엇에 관한 것인지 수수께끼를 풀어 보세요.

- 나는 하늘을 날아다니는 것보다 땅 위에서 걸어 다니는 것을 더 좋아합니다.
- 나는 콩 같은 씨앗이나 작은 곤충을 먹고 삽니다.
- 나는 어려서는 '꺼병이', 암컷은 '까투리', 수컷은 '장끼'라고 합니다.
- 나는 한 글자인 새입니다. 나는 누구일까요?

답 :

- 나는 떡갈나무, 갈참나무 등의 열매를 통틀어 말합니다.
- 나는 다람쥐가 좋아하는 먹이입니다.
- 나는 가루로 빻아서 끓여 묵으로 만들기도 합니다.
- 나는 세 글자입니다. 나는 누구일까요?

답 :

- 나는 땅으로 다니는 탈것입니다.
- 나는 두 다리로 페달을 밟아 바퀴를 돌리면 움직입니다.
- 나는 대부분 바퀴가 두 개지만, 세 개나 네 개 또는 한 개인 것도 있습니다.
- 나는 세 글자입니다. 나는 누구일까요?

답 :

'이서방'은 사람마다 이름 앞에 있는 성을 말머리로 삼아서 말놀이를 한 것입니다. 친구의 이름을 쓰고 노랫말을 바꿔 문장을 만들어 봅시다.

이서방 일하러 가세   김서방 김매러 가세
조서방 조 베러 가세   신서방 신이나 삼세
배서방 배 사러 가세   방서방 방석이나 트세
우서방 우물이나 파주게   오서방 오이 따러 가세
유서방 유쾌히 노세

1. 고◯◯ : 고서방 고무줄 놀이하세.

2. 송◯◯ : ☐서방 송사리 잡으러 가세.

3. 강◯◯ : 강서방

4. 박◯◯ : 박서방

5. 장◯◯ : 장서방

월   일   요일   확인

 글마중을 다시 읽고 노래 가사를 바꾸어 보세요.

야옹 야옹 고서방

| | 고서방 |

| | 고서방 |

어디 어디 사나?

| | 살지. |

무얼 먹고 사나?

| | 먹고 살지. |

누구하고 사나?

| | 하고 살지. |

말꼬리 잇기

까마귀는 날더라

날면 제비

제비는 울긋불긋

울긋불긋 독사

독사는 물더라

물면 범이지

범은 뛰더라

뛰면 벼룩이지

벼룩은 붉더라

붉으면 대추

대추는 달더라

달면 엿이지

엿은 붙는다 척!

선생님께 한마디 낱말들이 꼬리에 꼬리를 물며 이어가는 노래를 '말꼬리 잇기' 노래라고 합니다. "원숭이 똥구멍은 빨개……." 와 비슷한 노래라고 할 수 있지요. 말꼬리를 이어가며 부르는 재미를 느끼게 지도해 주세요.

다음 글을 읽고 알맞은 답을 고르거나 쓰세요.

까마귀는 날더라   뛰면 벼룩이지
날면 제비   벼룩은 붉더라
제비는 울긋불긋   붉으면 대추
울긋불긋 독사   대추는 달더라
독사는 물더라   달면 엿이지
물면 범이지   엿은 붙는다 척!
범은 뛰더라

1. 다음 문장을 읽고 바른 설명이면 ○, 틀린 설명이면 X 를 하세요.

제비는 울긋불긋하다.	
범은 날아다닌다.	
벼룩은 붉은 색이다.	
엿은 맛이 쓰다.	

2. 붉은 것에는 대추 말고 무엇이 있는지 3가지만 써 보세요.

	,	,

3. 대추와 엿의 공통점은 무엇인가요? .... (   )

① 붉다   ② 물다   ③ 뛴다   ④ 달다

 다음 낱말에 대해 알아봅시다.

 **독사** : 독이 있는 뱀. 색깔이 울긋불긋함

＊ 독사의 이빨에는 독이 있다.

 **범** : 호랑이

＊ 범은 호랑이를 뜻하는 우리말이다.

 **벼룩** : 작은 곤충으로 높이 뛰어오름

＊ 벼룩은 피를 빨아먹는 해충이다.

 위의 낱말 중 하나를 골라 빈칸을 채워 보세요.

1. ☐☐☐ 에게 물려가도 정신만 차리면 산다.

2. ☐☐☐ 은 높이뛰기 선수다.

3. 산에서는 ☐☐☐ 에 물리지 않게 조심해야 한다.

월   일   요일   확인

 색깔을 나타내는 여러 가지 표현을 알아봅시다.

	흰머리가 [ ] 보여요.
	나뭇잎이 [ ] 물들었어요.
	새싹이 [ ] 돋아나요.
	아빠 턱에 수염이 [ ] 났어요.
	식빵이 [ ] 구워졌어요.

〈보기〉 파릇파릇 울긋불긋 희끗희끗 노릇노릇 거뭇거뭇

 사물의 특성을 읽어본 후 공통점을 찾아 빈칸에 써 보세요.

사과	빨갛다 둥글다 (맛있다)

바나나	노랗다 길다 (맛있다)

맛있다

사과는 | 맛있다. | → | 맛있는 | 것은 바나나

까마귀	난다 검다 빠르다

바위	검다 단단하다 높다

까마귀는 [   ] → [   ] 것은 바위

바늘	가늘다 뾰족하다 단단하다

고슴도치	뾰족하다 귀엽다 작다

바늘은 [   ] → [   ] 것은 고슴도치

'원숭이 엉덩이는 빨개' 노래를 불러 보세요. 노래의 뒷부분을 만들고 끝나는 낱말에 해당하는 그림을 그려 보세요.

원숭이 엉덩이는 빨개   길면 기차
빨가면 사과   기차는 빨라
사과는 맛있어   빠르면 비행기
맛있으면 바나나   비행기는 높아
바나나는 길어   높으면 백두산

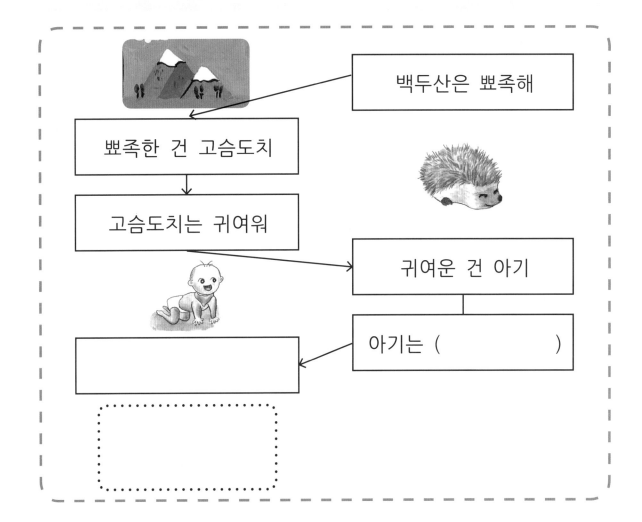

친구와 함께 '다섯 고개 놀이'를 하면서 생각나는 것과 답을 써 보세요.

고개	질문	대답	생각나는 것
1	동물인가요?	네, 동물입니다.	개, 소, 말, 돼지, 사자, 원숭이, 고양이, 타조, 닭, 독수리, 까치, 참새, 고래, 상어, 오징어
2	어디에 사나요?	땅에서 삽니다.	개, 소, 말, 돼지, 사자, 원숭이, 고양이, 타조, 닭
3	다리가 몇 개 인가요?	네 개입니다.	개, 소, 말, 돼지, 사자, 원숭이, 고양이
4	이름은 몇 글자 인가요?	한 글자입니다.	개, 소, 말
5	어떤 소리를 내나요?	'음매' 소리를 냅니다.	
답	☐ 입니다.	네, 맞습니다.	

선생님께 한마디 '다섯 고개 놀이'는 문제에 대하여 다섯 번 질문하고, 그 질문에 대한 대답을 들으면서 답을 알 아맞히는 말놀이입니다. 여기서는 질문하는 사람이 상대방이 대답한 내용에 어울리는 여러 가지 것을 떠올리고 좀 더 자세히 질문해가면서 답을 추려가는 과정을 연습하게 합니다.

'다섯 고개 놀이'의 질문과 대답을 보고, 생각나는 것과 답을 써 보세요.

고개	질문	대답	생각나는 것
1	살아있나요?	네, 살아있습니다.	개, 소, 말, 사자, 타조, 닭, 독수리, 까치, 참새, 부엉이, 매, 고래, 상어, 오징어, 민들레, 장미
2	걸어 다니나요?	아니오, 날아다닙니다.	독수리, 까치, 참새, 부엉이, 매
3	몸집이 큰가요?	네, 큽니다.	독수리, _____ _____
4	이름은 몇 글자 인가요?	세 글자입니다.	독수리, _____
5	어떤 소리를 내나요?	'부엉부엉' 소리를 냅니다.	_____
답	☐ 입니다.	네, 맞습니다.	

'다섯 고개 놀이'의 답이 '장미'일 때 질문에 알맞은 대답과 생각나는 것을 써 보세요.

고개	질문	대답	생각나는 것
1	동물인가요?	(네 / 아니오) 식물입니다.	소나무, 배나무, 장미, 민들레, 개나리, 국화, 진달래, 카네이션 _____
2	꽃인가요?	(네 / 아니오)	장미, 민들레, 개나리 _____
3	빨간색인가요?		
4	가시가 있나요?		
5	이름은 몇 글자인가요?		
답	장미 입니다.		

대문놀이

문지기 문지기 문 열어라.　열쇠 없어 못 열겠네.
어떤 대문에 들어갈까?　　동대문에 들어가.

문지기 문지기 문 열어라.　열쇠 없어 못 열겠네.
어떤 대문에 들어갈까?　　서대문에 들어가.

문지기 문지기 문 열어라.　열쇠 없어 못 열겠네.
어떤 대문에 들어갈까?　　남대문에 들어가.

문지기 문지기 문 열어라.　열쇠 없어 못 열겠네.
어떤 대문에 들어갈까?　　북대문에 들어가.

문지기 문지기 문 열어라.　덜커덩떵 열렸다.

선생님께 한마디 대문놀이는 '강강술래'의 부분놀이로
두 사람이 양 손을 잡아 올려 문을 만들고 그 밑으로 다
른 사람들이 빠져나가는 놀이입니다.

다음 글을 읽고 알맞은 답을 고르거나 쓰세요.

문지기 문지기 문 열어라.   열쇠 없어 못 열겠네.
어떤 대문에 들어갈까?   동대문에 들어가.
문지기 문지기 문 열어라.   덜커덩떵 열렸다.

1. 누구에게 문을 열라고 하였나요? ·············· (   )

　　① 문지기　　② 청지기　　③ 창고지기　　④ 등대지기

2. 문지기는 무엇을 하는 사람일까요? ·············· (   )

　　① 물어보는 사람　　　② 문을 지키는 사람
　　③ 문을 파는 사람　　　④ 문을 만드는 사람

3. 문지기는 왜 문을 못 열겠다고 했나요? ·············· (   )

　　① 시간이 늦어서　　　② 열쇠가 없어서
　　③ 열쇠가 고장나서　　④ 문이 무거워서

4. 문이 어떻게 열리는지 흉내 내는 말을 써 보세요.

　　　　　　　　　　　　　　열렸다.

월   일   요일   확인

 방위(방향)에 대해 알아봅시다.

북쪽

서쪽

동쪽

독도

남쪽

 빈칸에 알맞은 낱말을 써 보세요.

1. 해는 _____에서 뜨고 _____으로 진다.

2. 우리나라의 _____끝에는 독도가 있다.

3. 나침반의 N극은 _____을 가리킨다.

4. 제비는 겨울이 오기 전에 따뜻한 _____으로 날아간다.

낱말창고

🎓 그림에 알맞은 흉내 내는 말을 찾아 색칠하세요.

<예시>

문이	쨍그랑쨍	열렸다.
	덜커덩떵	
	때르릉땡	

아이가	무럭무럭	자란다.
	하하호호	
	꿈틀꿈틀	

열매가	헐레벌떡	열렸다.
	주렁주렁	
	찰랑찰랑	

기차가	딸랑딸랑	달렸다.
	부릉부릉	
	칙칙폭폭	

별들이	살랑살랑	빛난다.
	초롱초롱	
	빙글빙글	

아이들이	벌름벌름	춤춘다.
	말랑말랑	
	덩실덩실	

글마중을 다시 읽고 노래 가사를 바꾸어 보세요.

꽃 따기

꽃지기 꽃지기 꽃 따와라.

☐ 없어 못 따겠네.

어떤 꽃밭에 들어갈까?

☐ 꽃밭에 들어가.

*친구이름

꽃지기 꽃지기 ☐ 따와라.

☐ 따왔다.

*흉내 내는 말

⭐ **노래를 함께 배우고 순서에 따라 전래놀이를 해 봅시다.**

동 동 동대문을 열어라.
남 남 남대문을 열어라.
열두 시가 되면은 문을 닫는다.

〈대문놀이 순서〉

① 가위바위보로 문지기 두 명을 정한다.

② 문지기A, B는 각자 자신의 암호를 의논하여 정한다.
  (예; 문지기A는 사과, 문지기B는 배)
  암호는 놀이 끝날 때까지 비밀이며 문지기끼리만 안다.

③ 문지기는 두 손을 맞잡아 올려 문을 만들고, 다른 사람들은
  어깨 손을 하고 기차를 만들어서 노래를 부르며 문을 통과한다.

④ 노래가 끝나는 순간("~닫는다"에서 "다" 부분) 문지기는 손을
  내려서 한 사람을 가둔다.

⑤ 문지기는 걸린 사람을 잠시 데려가서 다른 사람이 못 듣게
  물어본다. "사과 할래? 배 할래?"

⑥ 사과를 고른 사람은 문지기 A뒤에, 배를 고른 사람은 B뒤에
  붙도록 한다.

어깨동무

동무 동무 어깨동무

어디든지 같이 가고

동무 동무 어깨동무

언제든지 같이 놀고

동무 동무 어깨동무

해도 달도 따라 오고

동무 동무 어깨동무

너도 나도 따라 놀고

동무 동무 어깨동무

동무 동무 내 동무

선생님께 한마디 어린이들은 소꿉놀이도 하고 함께 어울려 간단한 놀이도 하면서 서로 친해집니다. 어느 정도 친해지면 어디에 갈 때에도 손을 잡거나 어깨를 걸게 되지요. 이런 자연스런 성장의 표현과 노래가 합쳐져 생긴 놀이가 바로 어깨동무 놀이입니다.

다음 글을 읽고 알맞은 답을 고르거나 쓰세요.

동무 동무 어깨동무   어디든지 같이 가고
동무 동무 어깨동무   언제든지 같이 놀고
동무 동무 어깨동무   해도 달도 따라 오고
동무 동무 어깨동무   너도 나도 따라 놀고
동무 동무 어깨동무   동무 동무 내 동무

1. '동무'는 누구를 말하는 것일까요? ············· (   )

    ① 동생   ② 친구   ③ 엄마   ④ 아빠

2. '어깨동무'를 설명하는 그림을 찾으세요. ··········· (   )

    ①    ②    ③   ④

3. '동무'와 무엇을 하는지 모두 고르세요. (,   )

    ① 언제든지 같이 논다.   ② 서로 싫어한다.
    ③ 어디든지 같이 다닌다.   ④ 따로따로 논다.

4. 본문에 쓰인 말 중 반대되는 말을 찾아 쓰세요.

    어디든지 같이 <u>가고</u> ↔ 해도 달도 따라 [   ]

월　　　일　　　요일　　확인

 '동무'는 마음이 서로 통하여 가깝게 사귀는 친구를 말해요.
친구에 관한 말을 알아봅시다.

소꿉동무 ➜ 어릴 때 소꿉놀이를 하며 같이 놀던 동무

죽마고우 ➜ 어릴 때부터 같이 놀며 자란 친한 벗

단짝 ➜ 마음이 맞고 서로 친해 늘 함께 하는 친구

유유상종 ➜ 서로 비슷한 사람끼리 친구가 된다는 의미

1. 수진이와 혜선이는 늘 함께 다니는 [＿＿＿＿＿] 이다.

2. 윤혁이와 나는 어릴 적부터 사귄 [＿＿＿＿＿] 이다.

3. 비슷한 사람끼리 친구가 된다는 말은 [＿＿＿＿＿] 이다.

4. 그는 어렸을 때부터 붙어 다니던 내 [＿＿＿＿＿] 이다.

　여러분은 가장 친한 친구를 절친이나 베프(베스트 프렌드)
라고 말하나요? 이런 말보다는 동무, 친구, 단짝이란 우리말이
더 아름답습니다.

글마중을 다시 읽고 노래 가사를 바꾸어 보세요.

어깨동무

동무 동무 어깨동무

무엇이든 [   ] 먹고

동무 동무 어깨동무

누구든지 [   ]

동무 동무 어깨동무

기쁠 때는 [   ] 웃고

동무 동무 어깨동무

슬플 때는 [   ]

동무 동무 어깨동무

동무 동무 내 동무

노래를 배우고, 친구들과 함께 어깨동무 놀이를 해 봅시다.

어깨동무 ★씨동무

미나리 밭에 앉았다.

동무 동무 까치동무

보리가 나도록 씨동무

★씨동무: 볍씨처럼 소중한 동무

〈놀이 방법〉

① 어깨동무를 한 채 노래를 부르면서 '미나리 밭에 앉았다'할 때 앞으로 고개를 함께 숙이고, '보리가 나도록 씨동무'할 때에는 뒤로 고개를 젖힌다.

② 고개를 숙이고 젖히는 대신에 앉았다 일어서기도 한다.

나무 타령

나무 나무 무슨 나무

가자 가자 감나무

오자 오자 옻나무

십리 절반 오리나무

아흔 아홉 백양나무

방귀 뀌는 뽕나무

바람 솔솔 소나무

늙었구나 느릅나무

시름 시름 시무나무

귀신 쫓는 복숭아나무

깔고 앉아 구기자나무

마당 쓸어 싸리나무

마주 섰다 전나무

낮에 봐도 밤나무

선생님께 한마디 옛날 사람들은 힘든 일을 할 때면 피곤함을 잊기 위해 노래를 불렀습니다. 이런 노래를 타령이라고 하는데 그중에는 나무 타령도 있습니다. 노래 가사가 나무의 특성이나 이름을 빗대어 재미있게 표현되어 있으므로 아이들과 나무 이름도 만들어보고 노래도 불러보며 재미를 느끼게 해 주세요.

다음 글을 읽고 알맞은 답을 고르거나 쓰세요.

나무 나무 무슨 나무   아흔 아홉 백양나무
가자 가자 감나무   방귀 뀌는 뽕나무
오자 오자 옻나무   바람 솔솔 소나무
십리 절반 오리나무

1. '가자 가자'하면 떠오르는 나무 이름은 무엇인가요? ⬚ 나무

2. 왜 '오리나무'를 '십리 절반' 이라고 했을까요? ·········· (   )

　① 오리처럼 생겨서   ② 십(10)리보다 가까워서
　③ '십(10)'을 반으로 나누면 '오(5)'가 나오니까
　④ 오리를 묶어두는 나무라서

3. 왜 '뽕나무'가 방귀를 뀐다고 했을까요? ············· (   )

　① 방귀 냄새가 나서   ② 나무를 두드리면 '뽕' 소리가 나서
　③ 열매가 '뽕뽕' 터져서   ④ 방귀를 뀌면 '뽕' 소리가 나니까

4. 빈칸에 어울리는 나무의 이름을 <보기>에서 골라 써 보세요.

　따끔따끔 ⬚   향기 나는 ⬚

　<보기>   향나무   똥나무   가죽나무   가시나무

낱말
창고

월   일   요일   확인

 여러가지 나무의 이름을 빈칸에 알맞게 써 봅시다.

감나무	감나무 에는 홍시 몇 알이 남아있다.
소나무	[ ] 는 사계절 내내 푸르다.
밤나무	[ ] 에 밤이 열렸다.
뽕나무	누에는 [ ] 의 잎을 먹는다.
배나무	[ ] 에는 배가 주렁주렁 열렸다.

월   일   요일   확인

 글마중을 다시 읽고 노래 가사를 바꾸어 보세요.

나무 타령

자장 자장 자작나무

앞인데도 등나무

뒤인데도 배나무

가다보니 가닥나무

오다보니 오동나무

_____ 쉬나무

방귀 뀌어 뽕나무

_____ 대나무

화가 나도 참나무

앵돌아져 앵두나무

_____ 사과나무

더럽구나 쥐똥나무

_____ 쪽나무

뽐내기

월   일   요일   확인

 '나무 타령'을 계단책으로 만들어 봅시다.

① 큰 색종이나 A4용지를 여러 장 겹쳐 놓는다.
② 계단 모양이 보이도록 중심을 맞춰 접는다.
③ 나무 사진이나 그림을 붙인다.
④ 나무에 맞는 노랫말을 적는다.

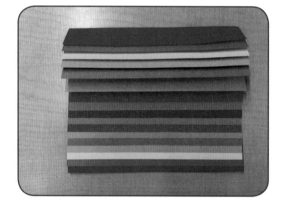

들강달강

들강달강 들강달강

서울 길을 올라가서

밤 한 *되를 사다가

선반 밑에 두었더니

올랑졸랑 생쥐가

들락날락 다 까먹고

밤 한 톨이 남았구나

★되: 곡식이나 가루 등의 양을 잴 때 쓰는 사각형 모양의 그릇

옹솥에다 삶을까
가마솥에다 삶을까
가마솥에다 삶아서
바가지로 건져서
겉껍질은 누나 주고
속껍질은 오빠 주고
알맹일랑 너랑 나랑
알공달공 나눠 먹자
들강달강 들강달강

★★옹솥: 옹기로 만든 솥
★★★가마솥: 크고 우묵한 솥

선생님께 한마디 '들강달강'은 옛날부터 아이들이 놀이를 하거나, 어른들이 아이를 업고 재우려고 부르던 노래입니다. 양손을 마주잡고 앞뒤로 번갈아가며 당기고 밀면서 재미있게 노래를 불러보게 지도해 주세요.

다음 글을 읽고 알맞은 답을 고르거나 쓰세요.

서울 길을 올라가서   올랑졸랑 생쥐가
밤 한 되를 사다가   들락날락 다 까먹고
선반 밑에 두었더니   밤 한 톨이 남았구나

1. 서울에서 사온 것은 무엇인가요?

2. 선반 밑에 둔 밤은 어떻게 되었나요? ┈┈┈┈┈┈ (   )

    ① 서울에 가지고 올라갔다.   ② 쪄서 먹었다.
    ③ 생쥐가 다 까먹었다.   ④ 썩어서 버렸다.

3. 생쥐의 모습을 귀엽게 표현한 말은 무엇인가요? (   )

    ① 들락날락   ② 올랑졸랑   ③ 들강달강   ④ 알공달공

4. '올랑졸랑'과 바꾸어 쓸 수 있는 말은 무엇인가요? (   )

    ① 작은   ② 거대한   ③ 많은   ④ 찰랑찰랑

5. 왜 밤이 한 톨만 남았습니까? ┈┈┈┈┈┈┈┈ (   )

    ① 생쥐가 다 까먹어서   ② 선반 밑에 버려서
    ③ 생쥐가 들락날락해서   ④ 오빠와 나눠 먹어서

6. 흉내 내는 말이 <u>아닌</u> 것은 무엇인가요? ┈┈┈┈ (   )

    ① 들강달강   ② 올랑졸랑   ③ 알공달공   ④ 너랑 나랑

다음 글을 읽고 알맞은 답을 고르거나 쓰세요.

옹솥에다 삶을까   겉껍질은 누나 주고
가마솥에다 삶을까   속껍질은 오빠 주고
가마솥에다 삶아서   알맹일랑 너랑 나랑
바가지로 건져서   알공달공 나눠 먹자

1. 밤을 어디에 삶자고 했습니까?

2. 겉껍질과 속껍질은 누구에게 주자고 하였습니까?

   겉껍질 :

   속껍질 :

3. '알공달공'과 바꾸어 쓸 수 <u>없는</u> 말은 무엇인가요? ···· (   )

   ① 알콩달콩   ② 정답게   ③ 사이좋게   ④ 욕심내어

4. 이 시의 분위기는 어떠한가요? ························ (   )

   ① 정답다.   ② 화가 난다.   ③ 슬프다.   ④ 속상하다.

월   일   요일   확인

 '되'와 '말'에 대해 알아봅시다.

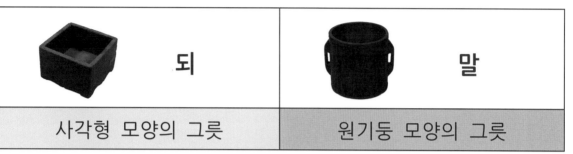

되	말
사각형 모양의 그릇	원기둥 모양의 그릇

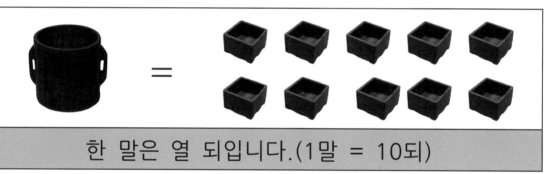

한 말은 열 되입니다.(1말 = 10되)

'되'와 '말'은 곡식이나 가루의 양을 잴 때 쓰던 그릇입니다. 옛날에는 '콩 한 되', '쌀 한 말'처럼 썼지요. 열 되가 모여야 한 말이 됩니다.

 '되'와 '말'과 관련된 속담을 알아보고, 빈칸에 알맞은 답을 써 보세요.

* 되로 주고 말로 받는다.

→ 남을 조금 건드렸다가 큰 되갚음을 당한다는 말.

⇒ ☐ 로 주고 ☐ 로 받는다고, 장난으로 친구의 등을 한 대 때렸다가 열 대도 넘게 맞았다.

월   일   요일   확인

 사물에 따라 세는 단위가 달라집니다. 사물에 알맞은 낱말을 아래 〈보기〉에서 찾아 써 보세요.

 밤 한 톨

연필 한	시금치 한	꽃 한
배추 한	신발 한	수박 한
자전거 한	나무 한	개 한

〈보기〉 켤레 그루 통 포기 송이 단 자루 마리 대

글마중을 다시 읽고 흉내 내는 말을 바꿔 봅시다.

```
┌─────────────────────────────┐
│                             │
│                             │
└─────────────────────────────┘
```

```
┌──────────────┐   ┌──────────────┐
│              │   │              │
│              │   │              │
└──────────────┘   └──────────────┘
```

서울 길을 올라가서

밤 한 되를 사다가

선반 밑에 두었더니

```
┌──────────────┐
│              │  생쥐가
└──────────────┘
```

```
┌──────────────┐
│              │  다 까먹고
└──────────────┘
```

밤 한 톨이 남았구나

까치야 까치야

까치야 까치야
내 눈에 티 들어갔다.
*모지랑 빗자루로
싸악싹 쓸어 내면
낼모레 미역국을
맛있게 끓여 주마.

까치야 까치야
내 손등 가시 빼내라.
뾰족한 입부리로
꼬옥꼭 뽑아 주면
낼모레 미역국을
맛있게 끓여 주마.

까치야 까치야
낡은 이 가져가고
새 이를 가져오라.
튼튼한 이 새로 주면
낼모레 미역국을
맛있게 끓여 주마.

★모지랑 빗자루:
　끝이 다 닳아서 무디어진 빗자루

선생님께 한마디　예부터 우리 조상들은 '까치'를 좋은 소식을 전해주는 기쁨의 새라고 생각하여 집안의 큰일
이나 걱정이 있을 때 이를 해결해달라고 빌기도 했습니다.

다음 글을 읽고 알맞은 답을 고르거나 쓰세요.

까치야 까치야   싸악싹 쓸어 내면
내 눈에 티 들어갔다.   낼모레 미역국을
모지랑 빗자루로   맛있게 끓여 주마.

1. 누구에게 말하고 있습니까?

2. 눈에 들어간 티를 빼기 위해 어떻게 하였습니까? (   )

① 엄마에게 빼달라며 울었다.
② 혼자 세수를 하여 눈을 씻었다.
③ 까치에게 빼달라고 말했다.
④ 친구에게 눈을 불어달라고 말했다.

3. 왜 까치에게 부탁했을까요? ·· (   )

① 진짜 까치가 내 눈에 들어간 먼지를 빼줄 수 있으니까
② 까치는 행운을 가져다주는 좋은 새라고 믿기 때문에
③ 눈이 아파서 아무나 빨리 빼주었으면 하는 바람에서
④ 집에 미역국이 남아서 까치에게 주려고

다음 글을 읽고 알맞은 답을 고르거나 쓰세요.

까치야 까치야   까치야 까치야
낡은 이 가져가고   내 손등 가시 빼내라.
새 이를 가져오라.   뾰족한 입부리로
튼튼한 이 새로 주면   꼬옥꼭 뽑아 주면
낼모레 미역국을   낼모레 미역국을
맛있게 끓여 주마.   맛있게 끓여 주마.

1. '낡은 이'는 무엇을 의미하나요? ⋯⋯⋯⋯⋯⋯⋯⋯⋯⋯⋯ (   )

   ① 오래되어 누런 이   ② 흔들거리다 빠진 이
   ③ 할머니 틀니   ④ 새로 난 이

2. 손등에 가시를 빼내는데 왜 까치에게 부탁하였나요? (   )

   ① 꼬리가 길어서 가시를 뺄 수 있을 것 같아서
   ② 머리가 작아서 가시를 뺄 수 있을 것 같아서
   ③ 발톱이 뾰족해서 가시를 뺄 수 있을 것 같아서
   ④ 부리가 뾰족해서 가시를 뺄 수 있을 것 같아서

3. 지은이에게 생긴 일과 까치에게 부탁한 것을 연결해 보세요.

눈에 티 들어갔다.	•	•	가시를 빼다오.
이가 빠졌다.	•	•	티를 빼다오.
손등에 가시가 박혔다	•	•	새 이를 가져다다오.

사람과 동물의 부위는 다르게 말합니다. 용어를 알아봅시다.

1. 새나 동물의 뾰족하고 딱딱한 입을 **'부리'**, 동물이나 물고기의 뭉툭한 입을 **'주둥이'**라고 합니다.

입	부리	주둥이

* 사람은 ☐ 으로 음식을 먹습니다.

* 하마는 ☐ 가 큽니다.

* 닭이 ☐ 로 먹이를 쪼아 먹습니다.

2. 사람은 **'이'**라고 하고 동물은 **'이빨'**이라고 합니다.

* 개가 ☐ 을 드러내며 으르렁댑니다.

3. 사람은 **'머리'**라고 하고 동물은 **'대가리'**라고 합니다.

* 생선 ☐ 를 잘라주세요.

뽐내기

 부탁이나 바라는 것을 까치에게 써 보세요.

까치야 까치야

더운 날씨 가져가고 시원한 바람 가져다오.

맛없는 음식 가져가고 맛있는 음식 가져다오.

까치야 까치야

	가져가고		가져다오.

까치야 까치야

월   일   요일   확인

 그림을 보고 순서에 맞게 문장을 써 보세요.

엄마가	빨래를	갭니다.
임자말	부림말	풀이말

임자말＋부림말＋풀이말의 순서로 씁니다.

				닦습니다. 영희가 거울을
	영희가			
		설겆이를		미진이가 합니다. 설겆이를
				합니다. 용이가 공부를
				지수가 씁니다. 마당을
				사옵니다. 빵을 오빠가
				돌봅니다. 아기를 은서는

우리말
약속

 그림을 보고 순서에 맞게 문장을 써 보세요.

	가방을 쌉니다. 수민이가
	퍼즐을 우리들은 맞춥니다.
	정리했습니다. 민수가 장난감을
	실내화를 정민이가 빨아요.
	스케이트를 언니가 탔습니다.
	아이들이 딱지치기를 합니다.

우리말 약속

 그림을 보고 순서에 맞게 문장을 써 보세요.

 올챙이가   냇가에서   헤엄칩니다.
임자말   장소를 나타내는 말   풀이말

임자말＋장소를 나타내는 말＋풀이말의 순서로 씁니다.

	허수아비가			논에 허수아비가 서있습니다.
				시골에 가족들이 도착했습니다.
				사자가 잡니다. 그늘에서
				나무에 있습니다. 다람쥐가
				알에서 나옵니다. 병아리가
				무지개가 떴습니다. 하늘에

우리말
약속

 그림을 보고 순서에 맞게 문장을 써 보세요.

	교실에서　　아이들이　　싸웁니다.
	주말농장에서　　일합니다.　　가족들이
	둥지에　　알이　　있습니다.
	체중계에　　올라가요.　　지수가
	사자가　　잡니다.　　바위에서
	강에　　물고기가　　살아요.

월   일   요일   확인

 그림을 보고 순서에 맞게 문장을 써 보세요.

새앙쥐들이	오르르	몰려왔어요.
임자말	흉내 내는 말	풀이말

임자말＋흉내 내는 말＋풀이말의 순서로 씁니다.

그림	임자말	흉내 내는 말	풀이말	원문
타조	타조가			성큼성큼 타조가 뛰어요.
새싹				파릇파릇 돋아납니다. 새싹이
바람				불어옵니다. 씽씽 바람이
햇빛				내리쬡니다. 쨍쨍 햇빛이
눈물				뚝뚝 눈물이 떨어집니다.
애벌레				꿈틀꿈틀 애벌레가 기어갑니다.

월   일   요일   확인

 그림을 보고 순서에 맞게 문장을 써 보세요.

	꿈틀꿈틀 기어갑니다. 뱀이
	강아지가 따라와요. 쫄래쫄래
	물이 쏟아집니다. 콸콸
	차례차례 탑니다. 아이들이
	매미가 웁니다. 맴맴
	새가 짹짹 지저귑니다.

월   일   요일   확인

 그림을 보고 순서에 맞게 문장을 써 보세요.

파란	민들레 싹이	돋아났어요.
꾸밈말	임자말, 부림말	풀이말

꾸밈말 + 임자말 또는 부림말 + 풀이말의 순서로 씁니다.

	예쁜			피었습니다. 민들레꽃이 예쁜
				여름방학이 신나는 왔습니다.
				놀이를 재미있는 합니다.
				냄새가 향긋한 납니다.
				사과가 달렸습니다. 빨간
				수박이 둥근 열렸습니다.

월   일   요일   확인

 그림을 보고 순서에 맞게 문장을 써 보세요.

	음악을 신나는 듣습니다.
	인형극을 재미있는 봤어요.
	싱싱한 땄어요. 토마토를
	손을 씻어라. 더러운
	맛있는 만들어요. 떡볶이를
	이를 썩은 치료해요.

 순서에 맞게 문장을 써 보세요.

더러운	손을	씻어요.	씻어요. 손을 더러운
			보았어. 재미있는 영화를
			구슬이 굴러가요. 데굴데굴
			올라가요. 나무에 다람쥐가
			나왔어요. 고양이가 예쁜
			수박이 둥근 열렸습니다.
			원숭이가 먹습니다. 바나나를
			책상에서 공부합니다. 오빠가
			책을 봅니다. 엄마가

〈보기〉에서 낱말을 고르거나 생각해서 문장을 써 보세요.

① 철수는

② 아름다운

③   데굴데굴

④   합니다.

⑤

⑥

⑦

⑧

⑨

⑩

〈보기〉

| 아이들이, 아빠가, 삼촌이, 바람이, 코끼리가, 동생이, 할머니가 |
| 수박을, 그림을, 음악을, 목욕을, 달리기를, 줄넘기를, 수영을 |
| 예쁜, 슬픈, 재미있는, 나쁜, 맛있는, 쌩쌩, 싹싹, 주르륵, 살살 |
| 걷습니다, 놉니다, 먹습니다, 합니다, 잡니다, 달립니다, 듣습니다 |

금도끼 은도끼

옛날에 마음 착한 돌쇠라는 나무꾼이 살았어요. 돌쇠는 나무를 하다가 도끼를 연못 속에 빠뜨리고 말았어요. 돌쇠는 엉엉 소리 내어 울었어요.

그 때 연못 한가운데서 산신령이 번쩍번쩍 빛나는 금도끼를 들고 나타났어요.

"이 금도끼가 네 도끼냐?"

"아닙니다."

산신령은 반짝이는 은도끼를 들고 나타났어요.

"은도끼도 제 것이 아닙니다."

산신령은 헌 쇠도끼를 들고 나타났어요.

"쇠도끼가 바로 제 것입니다."

"정직하구나. 금도끼와 은도끼도 선물로 주마."

돌쇠는 금도끼와 은도끼를 받아 부자가 되었어요.

이웃 마을에 사는 욕심쟁이 칠성이
는 샘이 났어요. 칠성이는 일부러 쇠
도끼를 연못에 빠뜨렸어요. 그 때 산
신령이 금도끼, 은도끼, 쇠도끼를 들
고 나타났어요.

"이 중 어느 것이 네 것이냐?"

"모두 제 도끼입니다."

"예끼! 욕심쟁이 같으니라고! 네 쇠
도끼도 돌려줄 수 없다."

그리하여 칠성이는 빈손으로 집으
로 돌아갔답니다.

아래의 방법대로 세 번씩 읽어 보세요.

① 선생님이 끊어 읽는 대로 따라 읽어 보세요.

② 따옴표(" ") 부분을 말하듯이 실감 나게 읽어 보세요.

③ 한 문단씩 읽고 선생님의 질문에 알맞은 답을 말해 보세요.

이야기에 나오는 인물에게 하고 싶은 말을 골라 쓰세요.

| 나도 너처럼 거짓말 한 적이 있어. 거짓말 하는 건 나쁜 행동이야. | 참 지혜로우신 것 같아요. 어떻게 사람들 마음을 알아 내셨어요? | 정직하게 말해서 상을 받으니 기분 좋지? | 금도끼가 탐이 나지는 않았어? 거짓말 하지 않고 잘 참았어. |

다음 글을 읽고 알맞은 답을 고르거나 쓰세요.

옛날에 마음 착한 돌쇠라는 나무꾼이 살았어요. 돌쇠는 나무를 하다가 도끼를 연못 속에 빠뜨리고 말았어요. 돌쇠는 엉엉 소리 내어 울었어요.

1. 돌쇠는 무슨 일을 하는 사람이었나요?

2. 돌쇠는 어떤 성격이었나요? .... (   )

① 욕심이 많았다.   ② 마음이 착했다.
③ 게을렀다.   ④ 마음이 나빴다.

3. 나무를 하다가 무슨 일이 있었나요? .... (   )

① 도끼를 부러뜨렸다.   ② 도끼를 놓고 집에 갔다.
③ 도끼를 연못에 빠뜨렸다. ④ 도끼를 던져버렸다.

4. 돌쇠는 도끼를 연못에 빠뜨려서 어떻게 했나요? (   )

① 엉엉 울었다.   ② 연못에 들어갔다.
③ 도끼를 건졌다.   ④ 친구를 불렀다

마음 착한 나무꾼 돌쇠는 나무를 하다가 [   ]에

[   ]를 빠뜨렸어요.

다음 글을 읽고 알맞은 답을 고르거나 쓰세요.

그 때 연못 한가운데서 산신령이 번쩍번쩍 빛나는 금도끼를 들고 나타났어요.

"이 금도끼가 네 도끼냐?"

"아닙니다."

산신령은 반짝이는 은도끼를 들고 나타났어요.

"은도끼도 제 것이 아닙니다."

1. 연못에서 누가 나타났나요?

2. 산신령이 금도끼가 돌쇠 것이냐고 물었을 때 무엇이라 대답했나요? ·································· (   )

① 자기 것이라고 거짓말을 했다.

② 금도끼를 달라고 했다.

③ 자기 것이 아니라고 솔직히 말했다.

3. 금도끼와 은도끼를 자기 것이 아니라고 한 것을 볼 때 돌쇠는 어떤 사람인가요? ·································· (   )

① 솔직하다.   ② 욕심이 많다.

③ 거짓말을 잘 한다.   ④ 웃긴다.

연못에서 산신령이 [   ] 와 [   ] 를 들고 나타났어요. 돌쇠는 자기 것이 [   ] 말했어요.

다음 글을 읽고 알맞은 답을 고르거나 쓰세요.

산신령은 헌 쇠도끼를 들고 나타났어요.
"쇠도끼가 바로 제 것입니다."
"정직하구나. 금도끼와 은도끼도 선물로 주마."
돌쇠는 금도끼와 은도끼를 받아 부자가 되었어요.

1. 돌쇠가 헌 쇠도끼를 자기 것이라고 답하자 산신령은 무엇을 주었나요?

　　　　　　　　　와 　　　　　　　　　도 주었어요.

2. 왜 산신령은 금도끼와 은도끼도 선물로 주었을까요? (　　　)

　　① 산신령과 놀아주어서　　　② 정직해서
　　③ 산신령을 속여서
　　④ 나무꾼이 금도끼와 은도끼를 갖고 싶어 해서

3. 돌쇠는 금도끼와 은도끼를 받아 어떻게 되었나요? (　　　)

　　① 부자가 되었다.　　　　　② 도끼장수가 되었다.
　　③ 연못지기가 되었다.　　　④ 사냥꾼이 되었다.

돌쇠는 　　　　　　　　가 자기 것이라고 말했어요. 돌쇠가

정직하다고 산신령이 　　　　　　　, 　　　　　　　도 주

었어요.

다음 글을 읽고 알맞은 답을 고르거나 쓰세요.

이웃 마을에 사는 욕심쟁이 칠성이는 샘이 났어요. 칠성이는 일부러 쇠도끼를 연못에 빠뜨렸어요. 그 때 산신령이 금도끼, 은도끼, 쇠도끼를 들고 나타났어요.

1. 이웃 마을에 사는 칠성이는 어떤 사람이었나요? (   )

   ① 정직한 사람 ② 욕심쟁이 ③ 게으름뱅이 ④ 부지런한 사람

2. 칠성이는 돌쇠가 금도끼, 은도끼를 받아온 것을 어떻게 생각했나요? ·· (   )

   ① 축하해주었어요.   ② 화를 냈어요.
   ③ 샘이 났어요.   ④ 기뻐했어요.

3. 칠성이는 쇠도끼를 어떻게 했나요? ··················· (   )

   ① 일부러 연못에 빠뜨렸어요.   ② 돌쇠에게 주었어요.
   ③ 산신령에게 바쳤어요.   ④ 나무를 했어요.

4. 칠성이는 왜 일부러 쇠도끼를 연못에 빠뜨렸을까요? (   )

   ① 금도끼, 은도끼를 받으려고   ② 쇠도끼가 필요 없어서
   ③ 산신령을 놀래주려고   ④ 쇠도끼를 숨기려고

욕심쟁이 칠성이가 쇠도끼를 일부러 [   ]에 빠뜨렸어요.

[   ]이 금도끼, [   ], 쇠도끼를 들고 나타났어요.

다음 글을 읽고 알맞은 답을 고르거나 쓰세요.

"이 중 어느 것이 네 것이냐?"

"모두 제 도끼입니다."

"예끼! 욕심쟁이 같으니라고! 네 쇠도끼도 돌려줄 수 없다."

그리하여 칠성이는 빈손으로 집으로 돌아갔답니다.

1. 산신령이 어느 도끼가 칠성이 것이냐고 물었을 때 칠성이는 무엇이라고 대답했나요? —————————— (   )

   ① "금도끼가 제 것입니다."   ② "쇠도끼가 제 것입니다."
   ③ "모두 제 도끼입니다."   ④ "모두 제 도끼가 아닙니다."

2. 산신령은 칠성이에게 어떤 벌을 내렸나요? ——— (   )

   ① 연못지기를 시켰다.   ② 쇠도끼도 돌려주지 않았다.
   ③ 손으로 빌게 만들었다.   ④ 연못 청소를 시켰다.

3. 칠성이는 왜 자기의 쇠도끼도 잃어버렸을까요? (,   )

   ① 산신령을 놀려서   ② 거짓말을 해서
   ③ 욕심을 부려서   ④ 가다가 흘려서

| | 을 했다고 | | 이 화를 내서 칠성이는

| | 으로 집으로 돌아갔어요.

글마중을 다시 읽고 알맞은 답을 고르거나 쓰세요.

1. 돌쇠는 나무를 하다가 도끼를 어떻게 했나요? ⋯⋯ (   )

　① 연못에 빠뜨렸다.　　　　② 연못에 일부러 던졌다.

2. 산신령이 금도끼와 은도끼를 돌쇠 것이냐고 묻자 어떻게 했나요?
　　　　　　　　　　　　　　　　　　　　　　　　(   )

　① 자기 것이 아니라고 했다.　② 자기 것이라고 거짓말했다.

3. 산신령은 돌쇠에게 왜 금도끼와 은도끼를 주었을까요?(   )

　① 솔직하게 말해서　　　　② 욕심을 부려서

4. 칠성이는 돌쇠 이야기를 듣고 어떤 마음이 들었나요?(   )

　① 잘 되었다고 생각했어요.　② 샘이 났어요.

5. 칠성이는 쇠도끼를 왜 일부러 빠뜨렸을까요? ⋯⋯⋯⋯ (   )

　① 쇠도끼가 필요 없어서　　② 금도끼, 은도끼를 갖고 싶어서

6. 산신령이 묻자 칠성이는 어떻게 대답했나요? ⋯⋯⋯⋯ (   )

　① "쇠도끼가 제 것입니다."　② "모두 제 것입니다."

7. 산신령은 왜 화를 내었나요? ⋯⋯⋯⋯⋯⋯⋯⋯⋯ (   )

　① 거짓말을 해서　　　　　② 산신령에게 심부름을 시켜서

8. 칠성이는 어떤 벌을 받았나요?

　┌─────────────┐
　│   │　집으로 돌아갔어요.
　└─────────────┘

소리나 모양을 흉내 내는 말을 <보기>에서 찾아 빈칸에 써 보세요.

1. 돌쇠는 [   ] 소리 내어 울었어요.

2. 돌쇠는 나무를 [   ] 날랐어요.

3. 산신령은 [   ] 빛나는 금도끼를 들고 나타났어요.

4. 돌쇠는 기분이 좋아 춤을 [   ] 추었어요.

5. 쇠도끼를 [   ] 연못에 빠뜨렸어요.

6. 산신령이 연못에서 [   ] 나왔어요.

7. 산신령이 소리를 [   ] 질렀어요.

8. 칠성이는 빈손으로 [   ] 집으로 돌아갔답니다.

<보기>
덩실덩실   버럭   터덜터덜   번쩍번쩍
스르르   엉엉   영차영차   풍덩

⭐ **아래의 대본을 읽고 역할극을 해 봅시다.**

옛날에 마음 착한 돌쇠라는 나무꾼이 살았어요.

 돌쇠: (나무를 하다가 도끼를 떨어뜨리며) 어이쿠, 내 도끼.
아이고, 큰일 났네. 엉엉엉.

그 때 연못 한가운데서 산신령이 나타났어요.

 산신령: (금도끼를 들며) 이 금도끼가 네 도끼냐?

 (깜짝 놀라며) 아닙니다. 그건 제 도끼가 아닙니다.

 산신령: (은도끼를 들며) 이 은도끼가 네 도끼냐?

 돌쇠: (손을 저으며) 아닙니다. 은도끼도 아닙니다.

 산신령: (헌 쇠도끼를 들며) 그럼 이것이냐?

 돌쇠: (고개를 끄덕이며) 네, 쇠도끼가 바로 제 것입니다.

 산신령: (웃으며) 정직하구나. 금도끼와 은도끼를 선물로 주마.

 돌쇠: (고개를 계속 숙이며) 감사합니다.

(산신령과 돌쇠는 퇴장한다.)

월   일   요일   확인

한편 이웃마을에 사는 욕심쟁이 칠성이는 샘이 났어요.

 칠성이: 나도 나무를 하러 가야지.

（나무를 하는 척하다가 일부러 연못에 도끼를 던진다.）

（우는 척 하며） 에구, 내 도끼 어떡하나?

 산신령: （금도끼, 은도끼, 쇠도끼를 보여주며） 이 중 어느 것이
네 것이냐?

 칠성이: （박수를 치며） 모두 제 도끼입니다.

 산신령: （화를 내며） 예끼! 욕심쟁이 같으니라고!
네 쇠도끼도 돌려줄 수 없다. （산신령은 퇴장한다.）

 칠성이: （엉엉 울며） 거짓말을 하다 벌을 받았네.

사윗감을 찾아 나선 두더지

옛날에 예쁜 처녀 두더지가 살았어요. 엄마, 아빠는 세상에서 제일 힘센 사윗감을 찾았어요. 어느날 두더지 가족은 사윗감을 찾아 길을 떠나기로 했어요.

두더지 가족은 걷고 또 걷다가 해님을 만났어요. 해님은 쨍쨍 세상을 비추고 있었어요.

"해님, 해님이 이 세상에서 제일 힘이 세지요?"

갑자기 구름이 해를 가렸어요. 세상이 어두컴컴해졌어요.

'구름이 해님보다 더 힘이 세구나.'

두더지 가족은 산을 넘어 구름을 찾아갔어요.

"구름님, 구름님이 이 세상에서 제일 힘이 세지요?"

갑자기 바람이 불었어요. 구름이 갈래갈래 흩어졌어요.

'바람이 구름보다 더 힘이 세구나.'

두더지 가족은 강을 건너 바람을 찾아갔어요.

"바람님, 바람님이 이 세상에서 제일 힘이 세지요?"

바람은 신이 나서 쌩쌩 불었어요. 그런데 돌부처는 꼼짝도 하지 않았어요.

'돌부처가 바람보다 더 힘이 세구나.'

두더지 가족은 바람을 뚫고 돌부처를 찾아갔어요.

"돌부처님, 돌부처님이 이 세상에서 제일 힘이 세지요?"

그 때 돌부처가 기우뚱대다가 쓰러져 버렸어요.

쓰러진 돌부처의 발밑에서 두더지가 기어나왔어요.

'이 세상에서 두더지가 제일 힘이 세구나.'

결국 처녀 두더지는 힘센 총각 두더지와 결혼했답니다.

글마중을 아래의 방법대로 읽고, 질문에 답해 보세요.

① 선생님이 끊어 읽는 대로 따라 읽어 보세요.

② 따옴표(" ") 부분을 주인공의 느낌을 살려 읽어 보세요.

③ 한 문단씩 읽고 선생님의 질문에 알맞은 답을 말해 보세요.

 두더지 가족이 힘센 사윗감을 찾아 나섰어요. 만난 순서대로 붙임자료 를 붙이고 누구를 만났는지 이름을 써 보세요.

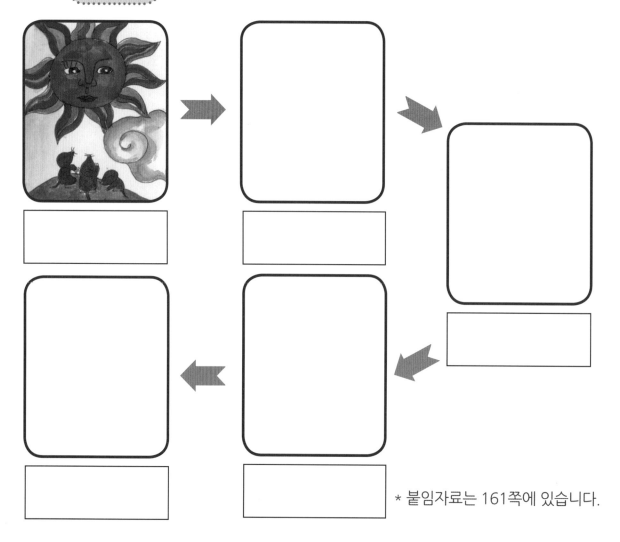

* 붙임자료는 161쪽에 있습니다.

다음 글을 읽고 알맞은 답을 고르거나 쓰세요.

　　옛날에 예쁜 처녀 두더지가 살았어요. 엄마, 아빠는 세상에서 제일 힘센 사윗감을 찾았어요. 어느 날 두더지 가족은 사윗감을 찾아 길을 떠나기로 했어요.

1. 처녀 두더지는 어떤 두더지였나요? ┈┈┈┈┈┈┈┈ (　　　　)

　　① 힘이 세요.　　　　　　② 예쁘게 생겼어요.
　　③ 요리를 잘해요.　　　　④ 못생겼어요.

2. 엄마, 아빠는 어떤 사윗감을 찾았나요?

　　세상에서 제일 [　　　　　　　　　　]

3. 두더지 가족은 왜 길을 떠났나요? ┈┈┈┈┈┈┈ (　　　　)

　　① 가족여행　　　　　　② 일을 하러
　　③ 사윗감을 찾으러　　　④ 신부감을 찾으러

4. 빈칸에 알맞은 낱말을 윗글에서 찾아 쓰세요.

　　[　　　　　　　　]은 딸과 결혼할 만한 사람을 말합니다.

　　두더지 가족은 세상에서 제일 힘센 [　　　　　　　　]을 찾아 길을 떠났어요.

다음 글을 읽고 알맞은 답을 고르거나 쓰세요.

　두더지 가족은 걷고 또 걷다가 해님을 만났어요. 해님은 쨍쨍 세상을 비추고 있었어요.
　"해님, 해님이 이 세상에서 제일 힘이 세지요?"
　갑자기 구름이 해를 가렸어요. 세상이 어두컴컴해졌어요.
　'구름이 해님보다 더 힘이 세구나.'

1. 두더지 가족은 제일 먼저 누구를 만났나요? [　　　]

2. 해님이 왜 제일 힘이 세다고 생각했나요? ············ (　　　)

　　① 쨍쨍 세상을 비추어서　　② 높이 있어서
　　③ 매우 커서　　　　　　　④ 구름을 쫓아내서

3. 구름이 해를 가리자 세상이 어떻게 되었나요? ····· (　　　)

　　① 환해졌어요.　　　　　　② 비가 왔어요.
　　③ 어두컴컴해졌어요.　　　④ 눈이 왔어요.

4. 왜 구름이 해님보다 힘이 세다고 생각했나요? ····· (　　　)

　　① 구름을 가려서　　　　　② 해를 가려서
　　③ 구름이 멋있어서　　　　④ 해가 싫어서

　두더지 가족은 힘이 센 [　　　　]에게 갔어요.

　그 때 [　　　　]이 해를 가렸어요.

다음 글을 읽고 알맞은 답을 고르거나 쓰세요.

두더지 가족은 산을 넘어 구름을 찾아 갔어요.
"구름님, 구름님이 이 세상에서 제일 힘이 세지요?"
갑자기 바람이 불었어요. 구름이 갈래갈래 흩어졌어요.
'바람이 구름보다 더 힘이 세구나.'

1. 두더지 가족은 산을 넘어 누구를 만나러 갔나요?

2. 왜 구름을 만나러 갔나요? ·························· (   )

   ① 해보다 구름이 힘이 세서
   ② 구름이 보고 싶어서
   ③ 산에 올라가니 구름이 있어서

3. 바람이 불자 구름은 어떻게 되었나요? ·········· (   )

   ① 더 커졌어요.   ② 흩어졌어요.
   ③ 해를 가렸어요.   ④ 꼼짝도 하지 않았어요.

4. 바람과 구름 중 누가 더 힘이 세다고 생각했나요?

해보다 힘이 센 [   ]에게 갔어요. 바람이 불자 구름
이 흩어졌어요.

다음 글을 읽고 알맞은 답을 고르거나 쓰세요.

두더지 가족은 강을 건너 바람을 찾아갔어요.
"바람님, 바람님이 이 세상에서 제일 힘이 세지요?"
바람은 신이 나서 쌩쌩 불었어요. 그런데 돌부처는 꼼짝도 하
지 않았어요.
'돌부처가 바람보다 더 힘이 세구나.'

1. 두더지 가족은 강을 건너 누구를 만나러 갔나요?

2. 왜 바람을 만나러 갔나요? ·································· (   )
   ① 바람이 구름보다 힘이 세서
   ② 바람을 좋아해서
   ③ 바람이 찾아와서

3. 바람이 불자 돌부처는 어떻게 되었나요? ·················· (   )
   ① 꼼짝도 하지 않았어요.   ② 넘어졌어요.
   ③ 웃었어요.   ④ 흩어졌어요.

4. 바람과 돌부처 중 누가 더 힘이 세다고 생각했나요?

구름보다 힘센 [   ]에게 갔어요. 바람이 불어도
[   ]는 꼼짝도 하지 않았어요.

월   일   요일   확인

 다음 글을 읽고 알맞은 답을 고르거나 쓰세요.

두더지 가족은 바람을 뚫고 돌부처를 만나러 갔어요.

"돌부처님, 돌부처님이 이 세상에서 제일 힘이 세지요?"

그 때 돌부처가 기우뚱대다가 쓰러져 버렸어요. 쓰러진 돌부처의 발밑에서 두더지가 기어 나왔어요.

'이 세상에서 두더지가 제일 힘이 세구나.'

결국 처녀 두더지는 힘센 총각 두더지와 결혼했답니다.

1. 힘이 센지 묻는데 돌부처가 어떻게 되었나요? …… (   )

　① 화를 냈어요.　　　　　② 날아갔어요.

　③ 웃었어요.　　　　　　④ 쓰러져 버렸어요.

2. 돌부처와 두더지 중에 누가 힘이 센가요?　☐☐☐☐☐

3. 처녀 두더지는 왜 총각 두더지와 결혼을 했나요? (   )

　① 똑똑해서　　　　　② 세상에서 제일 힘이 세서

　③ 멋있어서　　　　　④ 세상에서 제일 잘생겨서

바람보다 힘센 ☐☐☐☐☐에게 갔어요. 갑자기 돌부처가 쓰러지자 발밑에서 ☐☐☐☐☐가 나왔어요. 처녀 두더지는 세상에서 제일 힘이 센 ☐☐☐☐☐와 결혼을 했어요.

글마중을 다시 읽고 알맞은 답을 고르거나 쓰세요.

1. 엄마, 아빠 두더지는 어떤 사윗감을 찾고 있었나요? (   )

   ① 제일 똑똑한 사윗감   ② 세상에서 제일 힘센 사윗감

2. 제일 처음 찾아간 것은 누구였나요? ☐

3. 왜 구름이 해님보다 힘세다고 생각했나요? ········ (   )

   ① 구름이 해를 가리니 세상이 어두컴컴해져서
   ② 구름이 더 크고 예뻐서

4. 왜 바람이 구름보다 힘세다고 생각했나요? ········ (   )

   ① 바람이 시원해서   ② 바람이 부니 구름이 흩어져서

5. 왜 돌부처가 바람보다 힘세다고 생각했나요? ········· (   )

   ① 바람이 불어도 돌부처가 꼼짝하지 않아서

   ② 돌부처가 바람을 먹어서

6. 왜 두더지가 돌부처보다 힘세다고 생각했나요? ······ (   )

   ① 두더지가 잘생겨서   ② 두더지가 돌부처를 넘어뜨려서

7. 결국 딸 두더지를 누구와 결혼을 시켰나요? ☐

8. 힘센 순서대로 써 보세요.

| 두더지 | > | | > | | > | | > | |

월　　　일　　　요일　[확인]

 '<u>ㅐ</u>와 <u>ㅔ</u>'를 구분하여 빈칸에 위의 단어를 따라 써 보세요.

<u>세</u>상	<u>제</u>일	<u>해</u>님	<u>쨍쨍</u>
<u>세</u>구나	<u>쌩쌩</u>	그런<u>데</u>	갈<u>래</u>갈<u>래</u>

 글마중을 다시 읽고 빈칸에 '<u>ㅐ</u>와 <u>ㅔ</u>'를 구분하여 알맞은 답을 써 보세요.

◻상에서 ◻일 힘 ◻ 사윗감을 찾았어요.

◻님이 쨍◻ 세상을 비추고 있어요.

구름이 갈◻갈◻ 흩어졌어요.

바람은 신이 나서 ◻◻ 불었어요.

그런◻ 돌부처는 꼼짝도 하지 않았어요.

돌부처의 발밑◻서 두더지가 기어 나왔어요.

날씨를 나타내는 말을 알아봅시다.

계절	따뜻한 날씨	추운 날씨
봄	따뜻한, 포근한	쌀쌀한
여름	무더운, 뜨거운	시원한
가을, 겨울	포근한	쌀쌀한, 추운, 차가운

 일기예보를 보고 어떤 옷차림을 해야 하는지 연결해 보세요.

오늘은 포근한 봄
날씨가 되겠습니다.

•   •

오늘은 꽃샘추위로
쌀쌀하겠습니다.

•   •

오늘은 차가운
겨울바람이 많이 불어
춥겠습니다.

•   •

오늘은 무더운 바람이
불어 하루 종일
덥겠습니다.

•   •

오늘은 하루종일
장마비가 내려
시원하겠습니다.

•   •

편지봉투로 두더지를 만들어서 인형극을 해 봅시다.

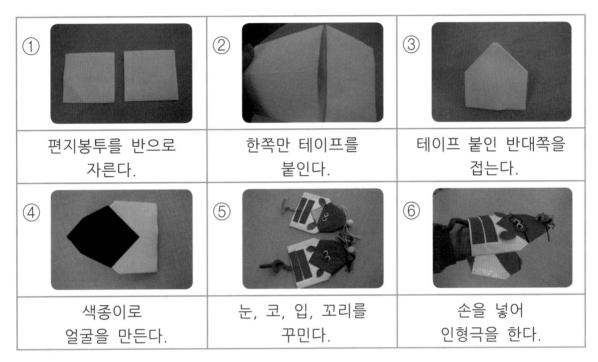

①	②	③
편지봉투를 반으로 자른다.	한쪽만 테이프를 붙인다.	테이프 붙인 반대쪽을 접는다.
④	⑤	⑥
색종이로 얼굴을 만든다.	눈, 코, 입, 꼬리를 꾸민다.	손을 넣어 인형극을 한다.

 이야기의 순서에 따라 붙임자료를 붙이고 두더지 책을 만들어 봅시다.

삼각주머니 접기를 한 후 8면에 이야기 순서대로
그림과 글을 붙여 작은책을 만들어 보세요.

* 그림 붙임자료는 161~163쪽, 글 만들기자료는 159쪽을 활용하세요.

아기 돼지 삼형제

아기 돼지 삼형제는 길을 떠났어요. 각자 살 집을 하나씩 짓기로 했어요.

첫째 돼지는 게을러서 집짓기가 귀찮았어요. 짚을 얼기설기 대충 엮어 집을 짓고는 누워서 쉬었어요.
"이렇게 하니 쉬운 걸."

둘째 돼지는 놀기를 좋아했어요.
"빨리 집을 짓고 놀아야지."
나무로 뚝딱뚝딱 얼른 집을 짓고 놀러 갔어요.

셋째 돼지는 부지런했어요.
"부서지지 않게 튼튼한 집을 지어야지."
벽돌을 쌓아 단단한 집을 지었어요.

어느 날 첫째 돼지 집에 늑대가 나타났어요.
"맛있는 돼지고기 냄새가 나는 걸. 이까짓 지푸라기집 쯤이야. 후우! 후우!"

늑대는 입김을 세게 불었어요. 그러자 첫째 돼지 집은 금방 날아가 버렸어요. 첫째 돼지는 둘째 돼지 집으로 도망갔어요.

늑대는 둘째 돼지 집에 따라왔어요.
"이까짓, 나무집 쯤이야. 쾅! 쾅!"
늑대는 집을 발로 걷어찼어요. 집은 폭삭 무너지고 말았어요. 첫째 돼지와 둘째 돼지는 셋째 돼지 집으로 도망갔어요.

늑대는 셋째 돼지의 집에 쫓아왔어요.
"얘들아, 문 좀 열어 줘. 같이 놀자."
"안 돼. 우릴 잡아먹으려는 거지?"

"이까짓 벽돌집 쯤이야."

늑대는 입김을 불었어요. 후우! 하지만 집은 무너지지 않았어요. 이번에는 발로 걷어찼어요. 쾅쾅! 그래도 집은 꿈쩍도 하지 않았어요.

화가 난 늑대는 굴뚝으로 올라갔어요. 굴뚝에 올라가다 미끄러져 그만 뜨거운 냄비에 풍덩 빠졌어요.

"앗, 뜨거워. 늑대 살려!"

늑대는 멀리 멀리 도망갔어요.

아기 돼지 삼형제는 셋째 돼지 벽돌집에 모여 사이좋게 살았답니다.

글마중을 아래의 방법대로 읽고, 질문에 답해 보세요.

① 선생님이 끊어 읽는 대로 따라 읽어 보세요.

② 따옴표(" ") 부분을 말하듯이 실감나게 읽어 보세요.

③ 한 문단씩 읽고 선생님의 질문을 듣고 답을 해 보세요.

 여러분이 살고 싶은 집을 그리고 설명을 써 주세요.

우리 집은

다음 글을 읽고 알맞은 답을 고르거나 쓰세요.

아기 돼지 삼형제는 길을 떠났어요. 각자 살 집을 하나씩 짓기로 했어요.

첫째 돼지는 게을러서 집짓기가 귀찮았어요. 짚을 얼기설기 대충 엮어 집을 짓고는 누워서 쉬었어요.

"이렇게 하니 쉬운 걸."

1. 아기 돼지 형제들은 몇 마리인가요? □마리

2. 아기 돼지들은 왜 길을 떠났나요? ·················· (   )

　① 친구네 집에 놀러간다.　② 집을 지으려고 한다.
　③ 서로 헤어지려고 한다.　④ 음식을 만들려고 한다.

3. 첫째 돼지는 어떤 성격인가요? ·················· (   )

　① 부지런하다.　② 게으르다.
　③ 놀기 좋아한다.　④ 먹기 좋아한다.

4. 첫째 돼지는 집을 어떻게 지었나요? ·················· (   )

　① 짚을 엮어서 대충 지었다. ② 열심히 지었다.
　③ 나무로 쉽게 지었다.　④ 벽돌로 지었다.

첫째 돼지는 □ 으로 집을 대충 □ 쉬었어요.

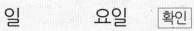

 다음 글을 읽고 알맞은 답을 고르거나 쓰세요.

둘째 돼지는 놀기를 좋아했어요.

"빨리 집을 짓고 놀아야지."

나무로 뚝딱뚝딱 얼른 집을 짓고 놀러갔어요.

셋째 돼지는 부지런했어요.

"부서지지 않게 튼튼한 집을 지어야지."

벽돌을 쌓아 단단한 집을 지었어요.

1. 둘째 돼지는 (놀기 좋아하는, 게으른, 부지런한) 성격이고,

   셋째 돼지는 (놀기 좋아하는, 게으른, 부지런한) 성격이에요.

2. 둘째 돼지는 [   ] 로 얼른 집을 지었고, 셋째 돼지는

   [   ] 로 단단한 집을 지었어요.

3. 둘째 돼지는 왜 얼른 집을 지었을까요? ·········· (   )

   ① 놀고 싶어서   ② 공부하려고

   ③ 부지런해서   ④ 누워서 쉬려고

   둘째 돼지는 [   ] 로 집을 얼른 짓고, 셋째 돼지는

   [   ] 로 [   ] 집을 지었어요.

다음 글을 읽고 알맞은 답을 고르거나 쓰세요.

어느 날 첫째 돼지 집에 늑대가 나타났어요.

"맛있는 돼지고기 냄새가 나는 걸. 이까짓 지푸라기집 쯤이야. 후우! 후우!"

늑대는 입김을 세게 불었어요. 그러자 첫째 돼지 집은 금방 날아가 버렸어요.

1. "맛있는 돼지고기 냄새가 나는 걸."이라고 말한 걸 보면 늑대는 무엇을 하려는 것일까요?

   첫째 돼지를 [   ].

2. 늑대가 첫째 돼지의 집을 (세게 불어서, 발로 차서, 도끼로 부숴서) 집이 금방 [   ].

3. 첫째 돼지의 집은 왜 금방 날아갔을까요? ·············· (   )

   ① 집을 튼튼하게 지어서   ② 집을 대충 지어서
   ③ 늑대가 입김을 많이 불어서   ④ 집을 멋있게 지어서

   늑대가 첫째 돼지의 집을 불어서 집이 [   ].

다음 글을 읽고 알맞은 답을 고르거나 쓰세요.

　　첫째 돼지는 둘째 돼지 집으로 도망갔어요. 늑대는 둘째 돼지 집에 따라왔어요.

　　"이까짓, 나무집 쯤이야. 쾅! 쾅!"

　　늑대는 집을 발로 걷어찼어요. 집은 폭삭 무너지고 말았어요. 첫째 돼지와 둘째 돼지는 셋째 돼지 집으로 도망갔어요.

1. 늑대가 둘째 돼지의 집을 (세게 불어서, 발로 차서, 도끼로 부숴서) 집이 폭삭 ▭ .

2. 둘째 돼지의 집은 왜 금방 무너졌을까요? ·············· (　　　)
　　① 집을 튼튼하게 지어서　　② 집을 대충 지어서
　　③ 집을 멋있게 지어서　　　④ 늑대가 힘이 세서

3. 둘째 돼지는 집이 무너졌을 때 어떤 마음이었을까요? (　　　)
　　① '와, 신난다.'　　　　　② '집을 튼튼하게 지을 걸.'
　　③ '기분이 좋아.'　　　　④ '야, 재미있다.'

　　늑대가 둘째 돼지의 집을 차서 집이 ▭ .

다음 글을 읽고 알맞은 답을 고르거나 쓰세요.

늑대는 셋째 돼지의 집에 쫓아왔어요.
"얘들아, 문 좀 열어 줘. 같이 놀자."
"안 돼. 우릴 잡아먹으려는 거지?"
"이까짓 벽돌집 쯤이야."
늑대는 입김을 불었어요. 후우! 하지만 집은 무너지지 않았
어요. 이번에는 발로 걷어찼어요. 쾅쾅! 그래도 집은 꿈쩍도
하지 않았어요.

1. 아기 돼지들은 왜 문을 열어주지 않았을까요? …… (   )

　　① 늑대가 잡아먹을까봐　　　② 늑대가 더러워서
　　③ 늑대랑 놀기 싫어서　　　　④ 늑대가 게을러서

2. 셋째 돼지의 집은 (대충 지어서, 단단하게 지어서, 나무로

　　지어서) 늑대가 입김을 불고 발로 찼지만 ☐☐☐☐☐.

3. 셋째 돼지의 집이 부서지지 않자 늑대는 어떤 마음이 들었을
　　까요? ……………………………………………… (   )

　　① 화가 났다.　　　　　② 기분이 좋았다.
　　③ 마음이 아팠다.　　　④ 슬펐다.

늑대가 ☐☐☐☐ 돼지의 집에 쫓아왔어요. 늑대가 셋째
돼지의 집을 불고 차도 집은 ☐☐☐☐☐☐.

월   일   요일   [확인]

 다음 글을 읽고 알맞은 답을 고르거나 쓰세요.

화가 난 늑대는 굴뚝으로 올라갔어요. 굴뚝에 올라가다 미끄러져 그만 뜨거운 냄비에 풍덩 빠졌어요.

"앗, 뜨거워. 늑대 살려!"

늑대는 멀리 멀리 도망갔어요. 아기 돼지 삼형제는 셋째 돼지 벽돌집에 모여 사이좋게 살았답니다.

1. 화가 난 늑대는 어디로 올라갔나요? [   ]

2. 늑대는 왜 굴뚝으로 올라갔을까요? ·············· (   )

　 ① 셋째 돼지 집에 들어가려고　② 굴뚝을 고치려고
　 ③ 연기가 나는지 보려고　　　　④ 선물을 주려고

3. 늑대는 어떻게 되었나요? ·························· (   )

　 ① 돼지를 잡아먹었다.　　② 문을 열지 못해 집으로 돌아갔다.
　 ③ 뜨거운 냄비에 빠졌다.④ 돼지와 사이좋게 살았다.

4. 아기 돼지 삼형제는 어디에서 어떻게 살았을까요? (   )

　 ① 벽돌집에서 힘들게 살았다.　② 각자 다른 집에서 살았다.
　 ③ 벽돌집에서 사이좋게 살았다.　④ 늑대 집에서 행복하게 살았다.

늑대는 뜨거운 [   ]에 빠지고, 아기 돼지 삼형제는

[   ] 살았습니다.

글마중을 다시 읽고 알맞은 답을 고르거나 쓰세요.

1. 아기 돼지들이 지은 집과 성격을 연결해 보세요.

놀기 좋아한다.	•	•	첫째 돼지	•	•	벽돌집
게으르다.	•	•	둘째 돼지	•	•	짚으로 만든 집
부지런하다.	•	•	셋째 돼지	•	•	나무집

2. 아기 돼지들은 집을 지을 때 어떤 생각을 했나요? 생각을 써
   보세요.

첫째 돼지   둘째 돼지   셋째 돼지

3. 아기 돼지들의 집이 어떻게 되었나요? 알맞게 연결해 보세요.

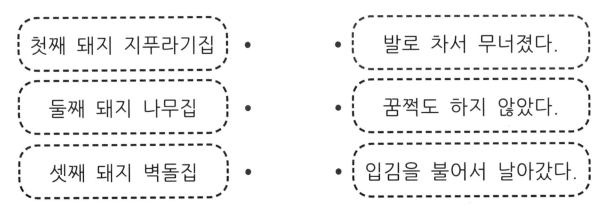

첫째 돼지 지푸라기집	•	•	발로 차서 무너졌다.
둘째 돼지 나무집	•	•	꿈쩍도 하지 않았다.
셋째 돼지 벽돌집	•	•	입김을 불어서 날아갔다.

월   일   요일   확인

글마중을 다시 읽고 알맞은 답을 고르거나 쓰세요.

1. 아기 돼지들은 무엇을 짓기로 하였나요?

2. 첫째 돼지는 어떤 집을 지었나요?

3. 왜 첫째 돼지는 집을 대충 지었나요? ·············· (   )

　　① 게을러서　② 돈이 없어서　③ 부지런해서　④ 심심해서

4. 둘째 돼지는 어떤 집을 지었나요?

5. 왜 둘째 돼지는 얼른 집을 지었나요? ·············· (   )

　　① 놀기를 좋아해서　　② 부지런해서　　③ 재료가 없어서

6. 셋째 돼지는 무엇으로 집을 지었나요?

7. 왜 셋째 돼지는 단단한 집을 지었나요? ············· (   )

　　① 부지런해서　　　② 게을러서　　　③ 놀기 좋아해서

8. 늑대가 첫째 돼지와 둘째 돼지의 집을 어떻게 했나요?

9. 셋째 돼지의 집은 어떻게 되었나요?

10. 결국 늑대는 어떻게 되었나요? ·············· (   )

　　① 같이 살았어요.　② 냄비에 빠졌어요.　③ 혼자 놀았어요.

아기 돼지들은 성격이 달라서 집도 각자 다르게 지었습니다.
빈칸에 알맞게 써 보세요.

	첫째 돼지	둘째 돼지	셋째 돼지
인물			
성격			
집짓기			
늑대가 왔을 때 집은 어떻게 되었나요?			

그림책을 다시 읽고 '주원문해' 이야기 구조도를 채워 보세요.

주인공이	＿＿＿＿＿와 ＿＿＿＿＿와 ＿＿＿＿＿가
원했다.	＿＿＿＿을 짓기로 했다. 첫째 돼지는 ＿＿＿＿＿＿＿＿＿＿＿＿＿＿ 둘째 돼지는 ＿＿＿＿＿＿＿＿＿＿＿＿＿＿ 셋째 돼지는 ＿＿＿＿＿＿＿＿＿＿＿＿＿＿
문제가 있었는데	늑대가 나타나 첫째 돼지의 집을 ＿＿＿＿＿ ＿＿＿＿＿＿＿＿＿＿＿＿＿＿＿＿＿＿＿. 늑대는 둘째 돼지의 집을 ＿＿＿＿＿＿＿＿ ＿＿＿＿＿＿＿＿＿＿＿＿＿＿＿＿＿＿＿.
해결 되었다.	늑대가 셋째 돼지의 집에 쫓아왔다. ＿＿＿＿＿＿＿＿＿＿＿＿＿＿＿＿＿＿＿ ＿＿＿＿＿＿＿＿＿＿＿＿＿＿＿＿＿.

선생님께 한마디 주원문해(SWBS)는 캘리포니아 주립대 Barbara박사가 개발한 이해전략이다. 원래 SWBS 전략을 이경우(2012)가 주원문해라 번역해 사용했다. S(somebody)-주(주인공), W(wanted)-원했다, B(but)-(그런데) 문제가 있다, S(so)-(그래도) 해결했다.

🧑‍🎓 그림을 보고 낱말 뜻을 익히고 바르게 써 보세요.

짚	굴뚝	벽돌	냄비

1. 쌀을 씻어 [   ] 에 밥을 했다.

2. [   ] 은 진흙과 모래, 석회 따위를 버무려서 높은 온도에서 굽는다.

3. 메주를 [   ] 으로 묶은 뒤 처마에 매달아 말렸다.

4. 아니 땐 [   ] 에 연기 나랴?

🧑‍🎓 알맞은 말을 〈보기〉에서 골라 써 보세요.

1. 엄마가 촛불을 ' [   ] ' 불었어요.

2. 오빠가 문을 [   ] 닫았어요.

3. 신발이 냇가에 [   ] 빠졌어요.

〈보기〉

후우

쾅

풍덩

 주인공들은 뭐라고 말할까요? 생각해서 써 보고 역할극을
해 봅시다.

뽐내기

월   일   요일   [확인]

 순서대로 [붙임자료]를 오려 붙이고 아기 돼지 삼형제 이야기를 써 보세요.

①

아기 돼지 삼형제
는 집을 지으러
길을 떠났어요.

②

③

④

⑤

옆으로

⑥

⑦

⑧

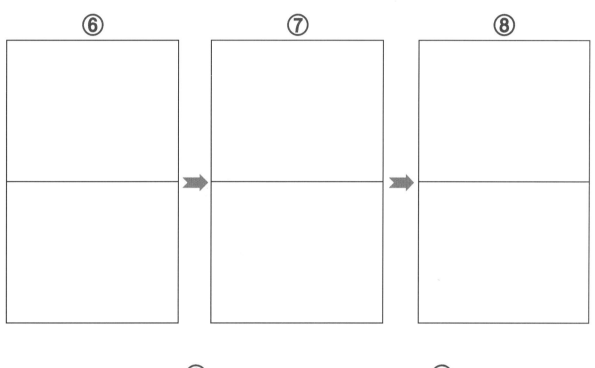

⑨

⑩

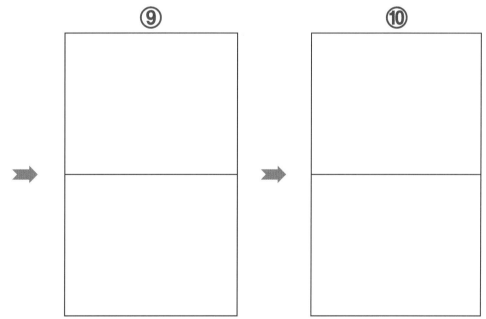

* 붙임자료는 163쪽에 있습니다.

 그림을 보고 순서에 맞게 문장을 써 보세요.

해님이	하늘에서	세상을	비추었어요.
임자말	장소	부림말	풀이말

임자말＋장소를 나타내는 말＋부림말＋풀이말의 순서로 씁니다.

	딱지치기를 아이들이 해요. 운동장에서
	문방구에서 은희가 풀을 삽니다.
	아저씨가 영화관에서 합니다. 전화를
	들었어요. 설명을 박물관에서 우리들은
	선물을 아빠가 싣습니다. 자동차에

그림을 보고 순서에 맞게 문장을 써 보세요.

|  | 아내는
 임자말   남편에게
 ~에게   황금알을
 부림말   보여주었어요.
 풀이말 |

임자말 + ~에게 + 부림말 + 풀이말의 순서로 씁니다.

	수지에게 민수가 했습니다. 사과를
	갔습니다. 병문안을 우리들은 민수에게
	민희가 냈습니다. 화를 정수에게
	지혜가 건호에게 던졌습니다. 공을
	선생님이 약을 발라주었어요. 민수에게

 그림을 보고 순서에 맞게 문장을 써 보세요.

조그만	애벌레가	꿈틀꿈틀	기어갑니다.
꾸밈말	임자말	흉내 내는 말	풀이말

꾸밈말＋임자말＋흉내 내는 말＋풀이말의 순서로 씁니다.

(사과나무 그림)	
	탐스러운 주렁주렁 사과가 열렸습니다.
(더운 아이 그림)	
	쨍쨍 햇빛이 내리쬡니다. 뜨거운
(개미 그림)	
	개미가 부지런한 영차영차 일합니다.
(바람 그림)	
	바람이 차가운 쌩쌩 붑니다.
(참새 그림)	
	쪼아댑니다. 참새가 콕콕 얄미운

그림을 보고 순서에 맞게 문장을 써 보세요.

아빠가	멋진	양복을	입었습니다.
임자말	꾸밈말	부림말	풀이말

임자말 + 꾸밈말 + 부림말 + 풀이말의 순서로 씁니다.

	다친 민수가 친구를 도와주었습니다.
	엄마가 만듭니다. 빵을 맛있는
	무거운 짐을 친구가 들어주었어요.
	원이가 맛있는 먹습니다. 고기를
	머리를 감습니다. 지희가 긴

월   일   요일   확인

 그림을 보고 순서에 맞게 문장을 써 보세요.

| 물고기가 | 강에서 | 신나게 | 헤엄칩니다. |
| 임자말 | 장소 | 꾸밈말 | 풀이말 |

임자말 + 장소 + 꾸밈 말 + 풀이말의 순서로 씁니다.

	쓸쓸하게 허수아비가 논에 서있어요.
	복도에서 민희가 공손하게 인사해요.
	차례로 줄서요. 아이들이 화장실에서
	놀아요. 정민이가 수영장에서 재미있게
	길에서 청소합니다. 아저씨가 깨끗하게

순서에 맞게 문장을 써 보세요.

				논에서 모내기를 농부가 합니다.
농부가		모내기를		
	아기가			귀여운 아장아장 걷습니다. 아기가
				부엌에서 정현이가 합니다. 요리를
				축구를 선준이가 신나게 합니다.
				꼬마가 눈싸움을 합니다. 겨울에
				아침에 빵을 엄마가 만듭니다.
				엄마가 도시락을 줍니다. 이수에게
				새가 작은 하늘을 날아갑니다.

〈보기〉에서 낱말을 고르거나 생각해서 문장을 써 보세요.

① _____ 운동장에서 달리기를 _____

② 언니가 슬픈 _____ _____

③ _____ 짝꿍에게 _____ _____

④ _____ 옷을 멋지게 _____

⑤ 커다란 _____ _____ _____

⑥ _____ 산에서 아프게 _____

⑦ _____ _____ 방긋방긋 _____

⑧ _____ _____ _____ _____

⑨ _____ _____ _____ _____

⑩ _____ _____ _____ _____

〈보기〉

| 아이들이, 나는, 이모가, 코끼리가, 길에서, 집에, 학교에 |
| 재미있게, 아슬아슬하게, 조그만, 예쁜, 귀여운, 멋있는, 아픈 |
| 합니다, 먹습니다, 줍니다, 입었습니다, 웃습니다 |
| 냠냠, 쿵쾅쿵쾅, 쓱쓱, 쪼르르, 방실방실 |

팥죽 할멈과 호랑이

옛날 옛날에, 산 아래 마을에 맛난 팥죽을 잘 끓이는 할멈이 살았지. 어느 봄날 팥죽 할멈이 팥 밭에서 김을 매는데, 호랑이 한 마리가 나타났어.

"어흥! 할멈을 잡아먹어야겠어!"

"호랑아, 이 팥을 거두면 맛있는 팥죽을 끓일 테니, 팥죽이나 실컷 먹고 나서 나를 잡아먹으렴."

여름이 지나고 가을도 지나고 눈이 펄펄 내리는 동짓날이 되었지. 팥죽 할멈은 가마솥에 팥죽을 끓이면서 엉엉 울었어. 그때 알밤 하나가 떼구루루 굴러왔어.

"할멈, 할멈, 왜 울어?"

"이 팥죽 먹고 나면 호랑이가 나를 잡아먹는다는구나."

"팥죽 한 그릇 주면 호랑이를 쫓아주지."

알밤은 팥죽 한 그릇 뚝딱 먹고 나서 아궁이 속으로 굴러 들어갔어.

★김을 매다: 잡초를 뽑다.

할멈이 엉엉 울고 있는데 자라 한 마리가 엉금엉금 기어왔지.
"할멈, 할멈, 왜 울어?"
"이 팥죽 먹고 나면 호랑이가 나를 잡아먹는다는구나."
"팥죽 한 그릇 주면 호랑이를 쫓아주지."
자라는 팥죽 한 그릇 후루룩 먹고 나서 물동이에 숨었어.

할멈이 또 엉엉 울고 있는데 물찌똥이 질퍽질퍽 기어왔어.
"할멈, 할멈, 왜 울어?"
"이 팥죽 먹고 나면 호랑이가 나를 잡아먹는다는구나."
"팥죽 한 그릇 주면 호랑이를 쫓아 주지."
물찌똥은 팥죽 한 그릇 뚝딱 먹고 나서 부엌 바닥에 벌러덩 누웠어.

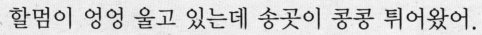

할멈이 엉엉 울고 있는데 송곳이 콩콩 튀어왔어.
"할멈, 할멈, 왜 울어?"
"이 팥죽 먹고 나면 호랑이가 나를 잡아먹는다는구나."
"팥죽 한 그릇 주면 호랑이를 쫓아 주지."
송곳은 팥죽 한 그릇 뚝딱 먹고 나서 물찌똥 뒤에 슬쩍 숨었지.

갑자기 돌절구가 쿵쿵 걸어와서 할멈을 도와주겠다고 했지. 돌절구도 팥죽 한 그릇 뚝딱 먹고 나서 부엌문 위로 올라갔어.

이번엔 멍석이 데굴데굴 굴러 와서 할멈을 도와주겠다고 약속했어. 멍석도 팥죽 한 그릇 후루룩 먹고 나서 부엌 앞에 쫙 펼쳐 누웠지.

그 다음엔 지게가 정중정중 달려 와서 할멈을 도와주겠다고 했어. 지게도 팥죽 한 그릇 뚝딱 먹고 나서 마당 감나무 옆에 숨었지.

드디어, 호랑이가 팥죽 할멈을 찾아왔어.
"호랑아, 날씨가 추우니 아궁이에서 불 좀 쬐렴."
호랑이는 부엌으로 가서 아궁이 앞에 앉았지. 그때 아궁이에 숨어있던 알밤이 호랑이 눈으로 튀어 올랐지.
"몹쓸 호랑이, 맛 좀 봐라."
"아이고, 내 눈. 아이고, 내 눈!"

호랑이는 눈이 뜨거워 물동이에 얼굴을 담갔어. 그러자 자라가 호랑이 코를 꽉 깨물었어. 깜짝 놀란 호랑이는 뒤에 있는 물찌똥을 밟고 발라당 넘어졌지. 그 때 송곳이 발딱 일어서서 호랑이 똥구멍을 콱 찔렀어.

호랑이가 벌벌 떨며 도망가려는데 돌절구가 뚝 떨어졌어. 머리를 맞은 호랑이가 쓰러지자, 멍석이 잽싸게 호랑이를 둘둘 말았지. 그러자 지게가 호랑이를 지고 가서 깊은 강물에 풍덩 던져버렸어.

그 후로 팥죽 할멈은 팥죽을 나눠 주며 오래오래 행복하게 살았대.

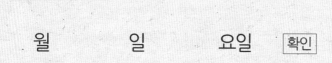
 글마중을 아래의 방법대로 읽고, 질문에 답해 보세요.

① 선생님이 끊어 읽는 대로 따라 읽어 보세요.

② 따옴표(" ") 부분을 말하듯이 실감나게 읽어 보세요.

③ 한 문단씩 읽은 뒤 선생님의 질문을 듣고 대답해 보세요.

 누가 할머니를 도와주었나요? 순서에 맞게 붙임자료 를 붙이고, 이름을 써 보세요.

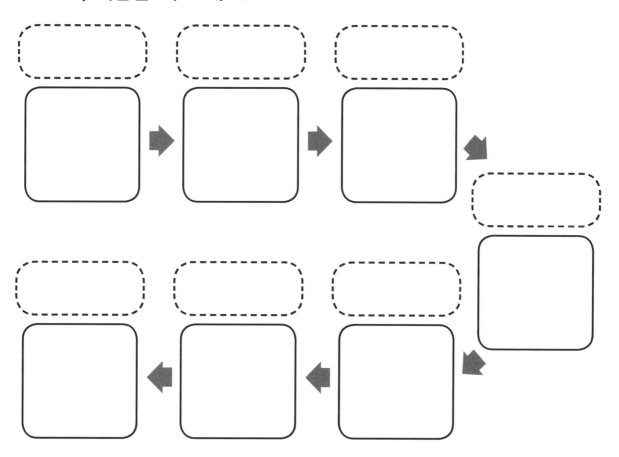

* 붙임자료는 163쪽에 있습니다.

다음 글을 읽고 알맞은 답을 고르거나 쓰세요.

　옛날 옛날에, 산 아래 마을에 맛난 팥죽을 잘 끓이는 할멈이 살았지. 어느 봄날 팥죽 할멈이 팥 밭에서 김을 매는데, 호랑이 한 마리가 나타났어.

　"어흥! 할멈을 잡아먹어야겠어!"

　"호랑아, 이 팥을 거두면 맛있는 팥죽을 끓일 테니, 팥죽이나 실컷 먹고 나서 나를 잡아먹으렴."

1. 팥죽 할멈은 무엇을 잘 끓이나요?

2. 팥죽 할멈은 팥 밭에서 무엇을 하고 있었나요? (　　　　)

　① 김을 팔고 있었다.　　　　② 호랑이를 기다리고 있었다.
　③ 팥죽을 끓이고 있었다.　　④ 김을 매고 있었다.

3. 호랑이가 나타나자 할멈은 무슨 생각을 했나요? (　　　　)

　①'아이 무서워! 어떻게 하지?'　② '야호! 신난다.'
　③ '에이, 짜증나.'　　　　　　④ '뭐야, 이건.'

4. 호랑이가 잡아먹으려고 할 때 할멈은 뭐라고 말했나요?(　　)

　① "난 죽기 싫어."　　　　　　② "다른 동물을 잡아먹어라."
　③ "팥을 거둔 뒤에 내가 만든 팥죽을 먹고 나서 잡아먹어라."

　호랑이는 [　　　　　]이 겨울에 [　　　　　]을 끓여주면

잡아먹기로 하였습니다.

월   일   요일   확인

 다음 글을 읽고 알맞은 답을 고르거나 쓰세요.

　여름이 지나고 가을도 지나고 눈이 펄펄 내리는 동짓날이
되었지. 팥죽 할멈은 가마솥에 팥죽을 끓이면서 엉엉 울었
어. 그때 알밤 하나가 떼구루루 굴러왔어.
　"할멈, 할멈, 왜 울어?"
　"이 팥죽 먹고 나면 호랑이가 나를 잡아먹는다는구나."
　"팥죽 한 그릇 주면 호랑이를 쫓아주지."
　알밤은 팥죽 한 그릇 뚝딱 먹고 나서 아궁이 속으로 굴러
들어갔어.

1. 할멈은 언제 팥죽을 끓였나요?

2. 팥죽 할멈은 팥죽을 끓이면서 왜 울었나요? ……… (　　　　)
　① 눈이 매워서　　　　　② 손이 뜨거워서
　③ 몸이 아파서　　　　　④ 호랑이가 잡아먹으러 온다고 해서

3. 알밤은 할멈에게 어떻게 해 준다고 했나요? ……… (　　　　)
　① 팥죽을 주면 호랑이를 쫓아준다고 했다.
　② 호랑이가 무섭다고 도망갔다.
　③ 힘이 없어서 할멈을 도와주기 힘들다고 했다.

4. 알밤은 팥죽을 먹고 나서 어디에 숨었나요?

　알밤은 □□□을 주면 □□□□□를 쫓아주겠
다고 했습니다. 알밤은 □□□□에 숨었습니다.

다음 글을 읽고 알맞은 답을 고르거나 쓰세요.

할멈이 엉엉 울고 있는데 자라 한 마리가 엉금엉금 기어 왔지.

"할멈, 할멈, 왜 울어?"

"이 팥죽 먹고 나면 호랑이가 나를 잡아먹는다는구나."

"팥죽 한 그릇 주면 호랑이를 쫓아주지."

자라는 팥죽 한 그릇 후루룩 먹고 나서 물동이에 숨었어.

1. 자라는 어떤 모습으로 나타났나요?

2. 할머니의 우는 모습을 보자, 자라는 어떤 마음이 들었을까요?
                                                        (   )

① 안쓰러운 마음   ② 고소한 마음
③ 부러운 마음   ④ 편안한 마음

3. 할머니는 자라에게 왜 팥죽을 주었을까요? .... (   )

① 호랑이를 쫓아달라고   ② 팥죽이 많아서
③ 자라가 불쌍해서   ④ 팥죽이 맛있어서

4. 자라는 팥죽을 먹고 나서 어디에 숨었나요?

자라는 [   ] 을 먹고 나서 [   ] 에 숨었어요.

다음 글을 읽고 알맞은 답을 고르거나 쓰세요.

할멈이 또 엉엉 울고 있는데 물찌똥이 질퍽질퍽 기어왔어.
"할멈, 할멈, 왜 울어?"
"이 팥죽 먹고 나면 호랑이가 나를 잡아먹는다는구나."
"팥죽 한 그릇 주면 호랑이를 쫓아주지."
물찌똥은 팥죽 한 그릇 뚝딱 먹고 나서 부엌 바닥에 벌러덩
누웠어.
할멈이 엉엉 울고 있는데 송곳이 콩콩 튀어왔어.
"할멈, 할멈, 왜 울어?"
"이 팥죽 먹고 나면 호랑이가 나를 잡아먹는다는구나."
"팥죽 한 그릇 주면 호랑이를 쫓아주지."
송곳은 팥죽 한 그릇 뚝딱 먹고 나서 물찌똥 뒤에 슬쩍 숨
었지.

1. 물찌똥은 팥죽을 먹고 나서 어디에 숨었나요?

　　　　　　　　　에 누웠다.

2. 송곳은 팥죽을 먹고 나서 어디에 숨었나요?

　　　　　　　　　

　　　　　은 팥죽을 먹고 나서 　　　　　에 드러

눕고, 송곳은 　　　　　뒤에 숨었어요.

다음 글을 읽고 알맞은 답을 고르거나 쓰세요.

갑자기 돌절구가 쿵쿵 걸어와서 할멈을 도와주겠다고 했지. 돌절구도 팥죽 한 그릇 뚝딱 먹고 나서 부엌문 위로 올라갔어.

이번엔 멍석이 데굴데굴 굴러 와서 할멈을 도와주겠다고 약속했어. 멍석도 팥죽 한 그릇 후루룩 먹고 나서 부엌 앞에 쫙 펼쳐 누웠지.

그 다음엔 지게가 겅중겅중 달려 와서 할멈을 도와주겠다고 했어. 지게도 팥죽 한 그릇 뚝딱 먹고 나서 마당 감나무 옆에 숨었지.

1. 돌절구, 멍석, 지게가 각각 어디에 숨었는지 적어 보세요.

　① 돌절구: ＿＿＿＿＿＿＿＿＿　② 멍석: ＿＿＿＿＿＿＿＿＿＿

　③ 지게: ＿＿＿＿＿＿＿＿＿＿＿＿

2. 돌절구, 멍석, 지게가 다가온 모습을 바르게 연결하세요.

돌절구 •	• 겅중겅중 •	• 굴러왔다.
멍석 •	• 쿵쿵 •	• 달려왔다.
지게 •	• 데굴데굴 •	• 걸어왔다.

	,		,		는		을

얻어먹고 할멈을 돕기로 약속했답니다.

이야기
돋보기

 다음 글을 읽고 알맞은 답을 고르거나 쓰세요.

드디어, 호랑이가 팥죽 할멈을 찾아왔어.

"호랑아, 날씨가 추우니 아궁이에서 불 좀 쬐렴."

호랑이는 부엌으로 가서 아궁이 앞에 앉았지. 그때 아궁이에 숨어있던 알밤이 호랑이 눈으로 튀어 올랐지.

"몹쓸 호랑이, 맛 좀 봐라."

"아이고, 내 눈. 아이고, 내 눈!"

호랑이는 눈이 뜨거워 물동이에 얼굴을 담갔어. 그러자 자라가 호랑이 코를 꽉 깨물었어. 깜짝 놀란 호랑이는 뒤에 있는 물찌똥을 밟고 발라당 넘어졌지. 그 때 송곳이 발딱 일어서서 호랑이 똥구멍을 콱 찔렀어.

1. 호랑이는 왜 눈이 아팠나요? ·································· (   )

　　① 아궁이에 숨어 있던 알밤이 튀어 올라서
　　② 눈에 재가 들어가서　　　　③ 눈병에 걸려서

2. 자라는 호랑이를 어떻게 혼내주었나요?

　　자라는 [   ]를 꽉 깨물었다.

3. 호랑이의 똥구멍을 찌른 것은 누구인가요? [   ]

[   ]은 호랑이 눈으로 튀어 오르고, [   ]는 호랑이 코를 깨물었어요. 호랑이가 [   ]을 밟고 넘어지자 [   ]은 호랑이 똥구멍을 찔렀어요.

다음 글을 읽고 알맞은 답을 고르거나 쓰세요.

　호랑이가 벌벌 떨며 도망가려는데 돌절구가 뚝 떨어졌어. 머리를 맞은 호랑이가 쓰러지자, 멍석이 잽싸게 호랑이를 둘둘 말았지. 그러자 지게가 호랑이를 지고 가서 깊은 강물에 풍덩 던져버렸어. 그 후로 팥죽 할멈은 팥죽을 나눠 주며 오래오래 행복하게 살았대.

1. 호랑이는 무엇에 머리를 맞았나요?

2. 멍석은 쓰러진 호랑이를 어떻게 하였나요?

　호랑이를 잽싸게

3. 지게는 호랑이를 어디에 던져버렸나요?

4. 팥죽 할멈은 도와준 여러 친구들에게 뭐라고 말했을까요?

	,		,		,		,		,

　　　, 　　가 도와주어 　　　를 물리치고

　　　은(는) 행복하게 살았답니다.

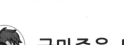
이야기
돋보기

글마중을 다시 읽고 알맞은 답을 고르거나 쓰세요.

1. 할머니는 잡아먹으려는 호랑이에게 뭐라고 말했나요? (   )

   ① "팥죽을 먹고 나서 잡아먹으렴." ② "호랑이야, 제발 살려다오."
   ③ "팥죽을 끓여 줄 테니 살려다오." ④ "팥 농사가 잘 되었다."

2. 동짓날이 되자, 팥죽 할멈은 무엇을 만들었나요? [   ]

3. 팥죽 할멈을 돕기 위해 각각 어떻게 했는지 바르게 연결하세요.

알밤 •	• 호랑이를 둘둘 말았다.
자라 •	• 호랑이 눈으로 튀어 올랐다.
물찌똥 •	• 호랑이를 미끄러트렸다.
송곳 •	• 호랑이 코를 깨물었다.
돌절구 •	• 호랑이 머리 위로 떨어졌다.
멍석 •	• 호랑이 똥구멍을 찔렀다.
지게 •	• 호랑이를 지고 가서 강물에 던져버렸다.

글마중을 다시 읽고 '주원문해' 이야기 구조도를 채워 보세요.

주인공이	_____ 이 살았는데
원했다.	호랑이가 와서 _____ 겨울에 팥죽을 먹고 난 뒤 _____
문제가 있었는데	팥죽 할멈이 팥죽을 끓이며 울자 _____, _____, _____, _____, _____, _____, _____ 가 와서 _____를 쫓아내주겠다고 했다.
해결 되었다.	알밤이 아궁이에서 호랑이의 눈을 딱 때렸다. 자라가 _____ 물찌똥이 _____ 송곳이 _____ 돌절구가 _____ 멍석이 _____ 지게가 _____ 그래서 팥죽 할멈은 _____

월   일   요일   확인

 그림을 보고 낱말 뜻을 익히고 바르게 써 보세요.

지게	**아궁이**	**절구**	**멍석**
짐을 얹어 등에 지는 운반 도구	방이나 솥에 불을 때는 구멍	곡식을 빻거나 떡을 치는 도구	짚으로 만든 깔개

 쓰임새가 같은 것끼리 연결해 보세요.

〈옛날〉   〈오늘날〉

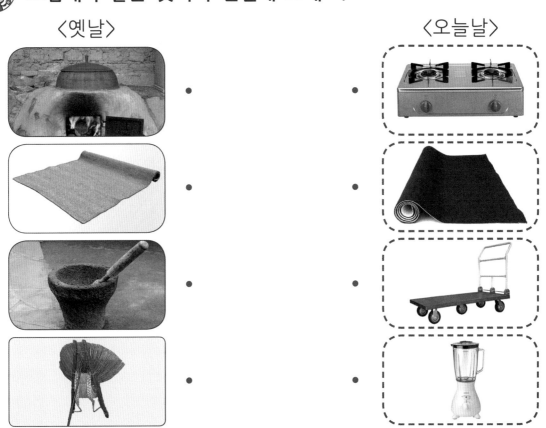

흉내 내는 말을 〈보기〉에서 골라 써 보세요.

1. 눈이 [   ] 내리는 동짓날이 되었지.

2. 알밤 하나가 [   ] 굴러왔어.

3. 팥죽 한 그릇 [   ] 먹고는 숨었어.

4. 자라 한 마리가 [   ] 기어왔지.

5. 부엌 바닥에 [   ] 누웠어.

6. 송곳이 [   ] 튀어왔어.

7. 돌절구가 [   ] 걸어와서 할멈을 도와주겠다고 했지.

8. 멍석이 [   ] 굴러 와서 할멈을 도와준대.

9. 지게가 [   ] 달려왔어.

10. 물찌똥이 [   ] 기어왔어.

〈보기〉
경중경중   데굴데굴   쿵쿵   떼구루루   엉금엉금
뚝딱   질퍽질퍽   콩콩   펄펄   벌러덩   후루룩

월   일   요일   [확인]

 '동지'에 대해 알아봅시다.

> **동지 →** 24절기 중 하나로 한 해 중에서 낮의 길이가 가장 짧고, 밤의 길이가 가장 긴 날입니다. 동지에는 팥죽을 먹는 풍습이 있습니다.

 동지에는 왜 팥죽을 먹을까요?

"팥은 붉은 색인데, 옛날 사람들은 이 붉은 색이 나쁜 기운을 물리치는 힘이 있다고 생각했어. 귀신들이 붉은 색을 무서워한다고 믿었거든. 그래서 동지가 돌아오면 팥으로 죽을 쑤어 온 집안 식구들, 이웃들과 나누어 먹었다고 해."

동지는 일 년 중 ☐ 의 길이가 가장 짧고, ☐ 의 길이가 가장 깁니다. 동지에는 ☐ 을 쑤어 먹으며 나쁜 기운을 물리쳤대요.

⭐ **인물이 하는 말을 넣어 이야기를 만들어 보세요.**

옛날 옛날에, 산 아래 마을에 맛난 팥죽을 잘 끓이는 할멈이 살았지. 어느 봄날 팥죽 할멈이 밭에서 김을 매는데, 호랑이 한 마리가 나타났어.

"   "
_____

"호랑아, 이 팥을 거두면 맛있는 팥죽을 끓일 테니, 팥죽이나 실컷 먹고 나서 나를 잡아먹으렴."

여름이 지나고 가을도 지나고 눈이 펄펄 내리는 동짓날이 되었지. 팥죽 할멈은 가마솥에 팥죽을 끓이면서 엉엉 울었어. 그때 알밤 하나가 떼구루루 굴러왔어.

"   "
_____

"이 팥죽 먹고 나면 호랑이가 나를 잡아먹는다는구나."

"팥죽 한 그릇 주면 호랑이를 쫓아 주지."

알밤은 팥죽 한 그릇 뚝딱 먹고 나서 아궁이 속으로 굴러 들어갔어.

할멈이 엉엉 울고 있는데 자라 한 마리가
엉금엉금 기어왔지.

　"할멈, 할멈, 왜 울어?"
　"이 팥죽 먹고 나면 ＿＿＿＿＿＿＿＿＿＿
　　　　　　　　　　　　　　　　"
＿＿＿＿＿＿＿＿＿＿＿＿＿＿＿＿＿＿＿＿＿
　"팥죽 한 그릇 주면 호랑이를 쫓아 주지."
자라는 팥죽 한 그릇 후루룩 먹고 나서 물동이에 숨었어.

할멈이 또 엉엉 울고 있는데 물찌똥이 질퍽질퍽 기어왔어.
"할멈, 할멈, 왜 울어?"
"이 팥죽 먹고 나면 호랑이가 나를 잡아먹는다는구나."
"　　　　　　　　　　　　　　　　　　　　　"
＿＿＿＿＿＿＿＿＿＿＿＿＿＿＿＿＿＿＿＿＿
물찌똥은 팥죽 한 그릇 뚝딱 먹고 나서 부엌
바닥에 벌러덩 누웠어.

할멈이 엉엉 울고 있는데 송곳이 콩콩 튀어왔어.

"   "

_____

"이 팥죽 먹고 나면 호랑이가 나를 잡아먹는다는구나."

"   "

_____

송곳은 팥죽 한 그릇 뚝딱 먹고 나서 물찌똥

뒤에 슬쩍 숨었어.

갑자기 돌절구가 쿵쿵 걸어와서 할멈에게 말했지.

"   "

_____

돌절구도 팥죽 한 그릇 뚝딱 먹고 나서 부엌

문 위로 올라갔어.

이번엔 멍석이 데굴데굴 굴러 와서 할멈에게 말했지.

"   "

_____

멍석도 팥죽 한 그릇 뚝딱 먹고 나서 부엌

앞에 쫙 펼쳐 누웠지.

그 다음엔 지게가 경중경중 달려와서 할멈에게 말했지.

"   "
_____

지게도 팥죽 한 그릇 뚝딱 먹고 나서 마당 감
나무 옆에 숨었지.

드디어 호랑이가 팥죽 할멈을 찾아왔어.

"호랑아, 날씨가 추우니 _____"

호랑이는 부엌으로 가서 아궁이 옆에 앉았지. 그 때 아궁이
에 숨어있던 알밤이 호랑이 눈으로 튀어 올
랐지.

"몹쓸 호랑이, 맛 좀 봐라."

"   "
_____

호랑이는 눈이 뜨거워 물동이에 얼굴을 담갔어.
그러자 자라가 호랑이 코를 꽉 깨물었어.

"   "
_____

깜짝 놀란 호랑이는 뒤에 있는 물찌똥을 밟고 발라당 넘어졌지.

"   "

_____

그 때 송곳이 발딱 일어서서 호랑이 똥구멍을 콱 찔렀어.
"   "

_____

호랑이가 벌벌 떨며 도망가려는데 돌절구가 뚝 떨어졌어.
"   "

_____

머리를 맞은 호랑이가 쓰러지자, 멍석이 잽싸게 호랑이를 둘둘 말았지.

"지게야, 호랑이를 강물에 던져 버려."

그러자 지게가 호랑이를 지고 가서 깊은 강물에 풍덩 던져버렸어.

"   "

_____

팥죽 할멈은 알밤, 자라, 물찌똥, 송곳, 돌절구, 멍석, 지게에게 말했어.
"   "

_____

그 후로 팥죽 할멈은 팥죽을 나눠 주며 오래오래 행복하게 살았대.

그림을 보고 순서에 맞게 문장을 써 보세요.

 잘생긴 삼촌이 신나는 노래를 부릅니다.
　　　　꾸밈말　　임자말　　꾸밈말　　부림말　　풀이말

꾸며주는 말은 꾸밈을 받는 말 앞에 씁니다.

	착한 미진이가 ＿＿＿ ＿＿＿ ＿＿＿
	착한 미진이가 친구를 다친 도와줍니다.
	고기를 맛있는 덜렁대던 개가 빠뜨렸습니다.
	지민이는 똑똑한 문제를 어려운 풀었습니다.
	친구는 두 책을 재미있는 읽었습니다.
	누런 황금알을 거위가 낳았습니다. 하얀

 그림을 보고 순서에 맞게 문장을 써 보세요.

	엄마는 좁은 부엌에서 요리를 합니다.
	임자말 꾸밈말 장소 부림말 풀이말

장소를 꾸며주는 말은 장소 앞에 씁니다.

	**거북이가** _____ _____ **헤엄을** _____
	깊은 거북이가 바다에서 칩니다. 헤엄을
	아저씨가 넓은 과일을 시장에서 팝니다.
	욕조에서 동그란 아이가 합니다. 목욕을
	아빠가 세차장에서 좁은 차를 닦습니다.
	우리는 캠핑을 갔습니다. 숲으로 멋진

월   일   요일   확인

 그림을 보고 순서에 맞게 문장을 써 보세요.

 가족들이 이른 아침에 밥을 먹습니다.
　　　　 임자말　 꾸밈말　 시간　 부림말　 풀이말

시간을 꾸며주는 말은 시간 앞에 씁니다.

	아이들이 ＿＿＿ ＿＿＿＿ 연을 ＿＿＿＿＿
	추운　 연을　 겨울에　 날립니다.　 아이들이
	일요일에　 한가한　 신문을　 읽어요.　 아빠가
	여름에　 무더운　 축구를　 합니다.　 진이가
	운동회 날에　 신나는　 응원을　 합니다.　 아이들이
	더운　 선풍기를　 여름에　 돌이가　 쐽니다.

 그림을 보고 순서에 맞게 문장을 써 보세요.

아주 빨간 사과가 식탁 위에 있습니다.
꾸밈말 꾸밈말

꾸며주는 말을 더 꾸며줄 수 있습니다.

	_____ _____ 서진이는 ____ 가버렸습니다.
	휙 가버렸습니다. 화난 매우 서진이는
	팔짝팔짝 신난 너무 기태는 뛰었습니다.
	먹었어요. 민수는 달콤한 아주 아이스크림을
	인사를 했습니다. 민희는 매우 공손하게
	깨끗하게 손을 씻었습니다. 주희가 아주

월   일   요일   확인

 순서에 맞게 문장을 써 보세요.

귀여운	꽃을	꺾었습니다.	아기가	예쁜
귀여운	**아기가**			

속상한	이모는	울었습니다.	소리로	큰
속상한				

저녁을	사주셨습니다.	멋있는	식당에서	아빠가

먹었습니다.	간식을	늦은	밤에	우리는

아름다운	아주	음악을	연주했습니다.	피아니스트가

깔깔깔	웃었습니다.	매우	신난	아이들은

 순서에 맞게 문장을 써 보세요.

| 달리기를 | 했어요. | 민수는 | 동희와 | 운동장에서 |

| 동희와 | | | | |

| 좋은 | 선물을 | 동생은 | 아주 | 받았습니다. |

| | | | | |

| 빠르게 | 달렸습니다. | 강아지는 | 매우 | 조그만 |

| | | | | |

| 땄습니다. | 할아버지가 | 높은 | 나무에서 | 감을 |

| | | | | |

| 아주 | 맛있게 | 동그란 | 떡이 | 생겼습니다. |

| | | | | |

| 참 | 노래를 | 언니는 | 잘 | 부릅니다. |

| | | | | |

월 　　일 　　요일 [확인]

그림을 보고 문장을 만들어 써 보세요.

①	
②	
③	
④	
⑤	
⑥	

 그림을 보고 문장을 만들어 써 보세요.

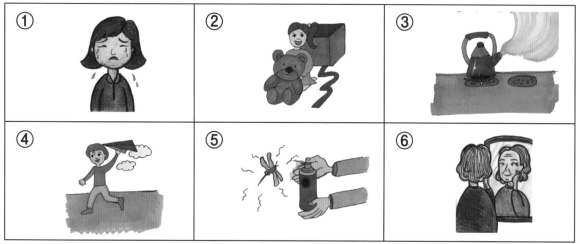

옛날에 예쁜 _____.

엄마 아빠는 _____ 사윗감을 찾았어요.

두더지 가족은 _____.

두더지 가족은 걷고 또 걷다가 _____ 만났어요.

"해님, 해님이 이 세상에서 _____."

갑자기 구름이 _____. 세상이 어두컴컴해

졌어요.

'구름이 _____.'

두더지 가족은 산을 넘어 _____.

"구름님, _____."

갑자기 _____ 구름이 _____   _____.

'바람이 _____.'

두더지 가족은 강을 건너 _____.

"바람님, _____."

바람은 신이 나서 _____. 그런데, 돌부처는

_____.

'돌부처가 _____.'

두더지 가족은 바람을 뚫고 _____.

"돌부처님, _____."

그 때 돌부처가_____.

쓰러진 돌부처의 발밑에서 _____.

"이 세상에서 _____가 제일 _____."

결국 처녀 두더지는 힘센 _____.

★ [붙임자료] 92쪽에 활용하세요.

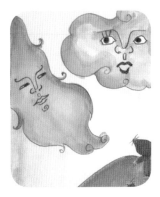

★ [그림 붙임자료] 101쪽에 활용하세요.

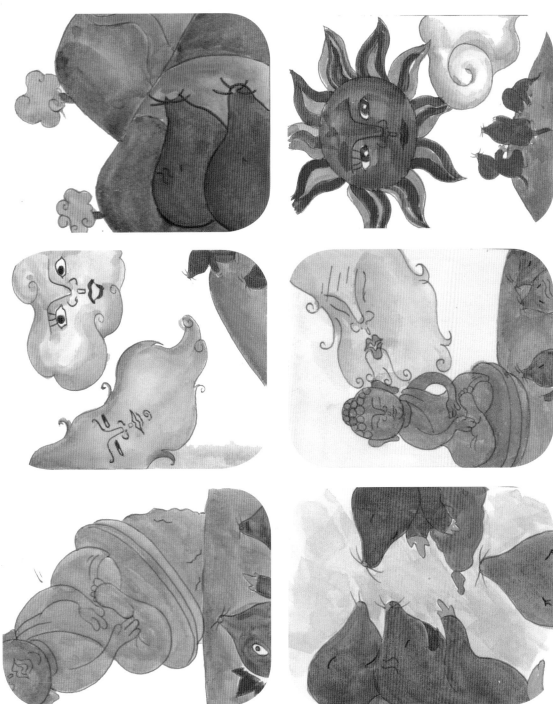

★ [그림 붙임자료] 101쪽에 활용하세요.

★ [붙임자료] 118~119쪽에 이어서 활용하세요.

★ [붙임자료] 131쪽에 활용하세요.

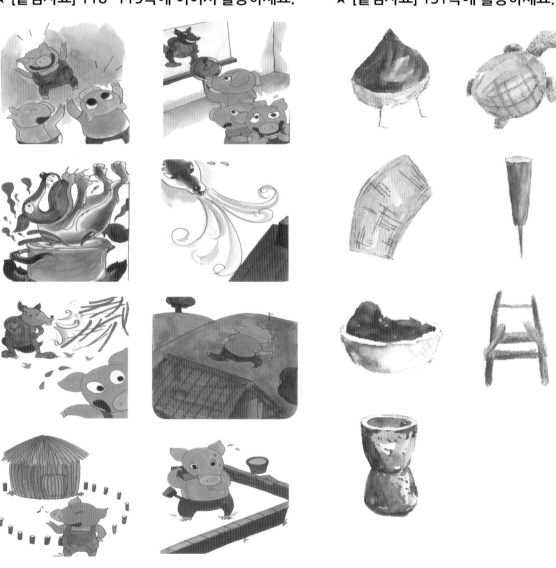